심방골 주부의
엄마손 집밥

한 그루의 나무가 모여 푸른 숲을 이루듯이
청림의 책들은 삶을 풍요롭게 합니다.

심방골 주부의
엄마손 집밥

심방골 주부 지음

기본 재료로
건강하게 맛을 내는
한식 밥상 105

청림Life

서문

"세상에 많은 요리가 있지만
언제나 그리운 것은 엄마 집밥입니다"

오랜 시간 충청남도 심방골에서 살고 있지만, 도시에 사는 분들이 얼마나 바쁘게 살아가고 있는지 자녀들의 삶을 통해 잘 알고 있습니다. 눈코 뜰 사이 없이 바빠서 따뜻한 한상을 푸짐하게 차려놓고 식사를 하는 것도 쉬운 일이 아닐 겁니다. 부모로부터 독립한 친구들, 결혼을 해서 내 살림을 꾸려가는 젊은 부부들에게 요리란 버거운 일이 아닐 수 없겠지요.

요즘은 인터넷이나 방송을 통해서 원하는 레시피를 얼마든지 찾아볼 수 있게 되었습니다. 하지만 아이러니하게도 엄마가 차려주는 집밥의 맛을 느끼기란 더욱 어려워졌다고들 합니다. '세상에 많은 요리가 있지만 언제나 그리운 것은 엄마 집밥'이라는 말을 저 또한 크게 공감합니다. 어머니의 요리를 흉내 내며 지금껏 주부로서 수많은 요리를 해왔지만 여전히 그 맛이 그리울 때가 많습니다.

60이 넘은 나이에 아들과 함께 유튜브 크리에이터라는 제2의 인생을 살게 된 것도 어쩌면 그런 이유 때문이 아닐까 합니다. 비록 유명한 요리 연구가는 아니지만 '엄마 손맛'이 담긴 집밥을 차리는 일은 저에게는 언제나 큰 기쁨이었습니다. 내가 그리워하는 엄마의 요리를 떠올리며, 더 많은 사람들에게 잊혀가는 한식의 소박한 매력을 전할 수 있기를 바라는 마음으로 꾸준히 요리를 했지요.

그동안 '심방골 주부' 채널을 통해서 소개한 요리들은 많은 분들의 사랑을 받았습니다. 대단한 레시피도 아닌데 좋아해주시는 분들을 보니 뿌듯하면서도 감사한 마음뿐이지요. 특히 "엄마가 해주는 집밥 같아서 그립다" "돌아가신 어머니가 생각나서 영상을 보면서 한참을 울었다" "어머니가 치매에 걸려서 나를 알아보지 못하는 상황이지만, 옛날에 해주셨던 음식들이 떠올라서 만감이 교차한다"는 등의 사연들을 볼 때면 가슴 한편이 뭉클해져서 눈물을 훔치기도 했습니다. 그럴 때마다 어떤 요리라도 최선을 다해야겠다는 생각에 마음을 다잡곤 합니다.

이 책에는 평범한 시골 주부의 집밥 레시피를 담았습니다. 세련된 사진도, 전문가가 소개하는 놀라운 비법 소스도 없지만 엄마가 차려준 그리운 집밥의 맛은 그대로 담으려고 노력했습니다. 누구나 따라할 수 있도록 최대한 간단하게 정리하는 것에도 중점을 두었어요. 이 책을 보고 '이건 나도 금방 해볼 수 있겠다' 하는 가뿐한 마음을 가지는 분들이 많았으면 좋겠습니다. 레시피를 차근차근 따라해보며 따뜻한 엄마의 손맛을 느끼는 시간이 되기를 바랍니다.

마지막으로 이 책이 나오기까지 고생하시고 아낌 없는 지원을 해주신 청림출판 직원 분들과 이새봄 에디터님께도 감사의 인사를 드립니다. 더불어 항상 '심방골 주부'를 아껴주시고 함께 요리의 기쁨을 누리고 계신 우리 구독자 여러분들의 일상에 행복이 더해지기를 바랍니다. 부디 이 책이 건강하고 맛있는 밥상, 따뜻하고 행복한 집밥을 차리는 데 도움이 되었으면 좋겠습니다.

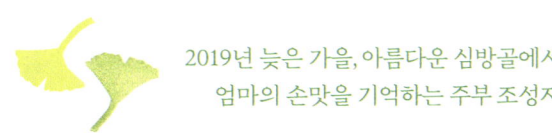

2019년 늦은 가을, 아름다운 심방골에서
엄마의 손맛을 기억하는 주부 조성자

차례

서문
"세상에 많은 요리가 있지만
언제나 그리운 것은 엄마 집밥입니다" 4

Part 1
심방골 주부의
따뜻한 일상

나의 행복한 음식 이야기 16
사계절이 풍성한 심방골 20
심방골의 달콤살벌 양봉 이야기 27
정성이 담긴 장을 담그는 일 30

Part 2
요리가 더 맛있어지는
심방골 주부의 필살기

생강청 34
매실청 36
멸치육수 38
만능 양념간장 40
볶은 소금 42

Part 3
심방골 주부의
감칠맛 나는 국물 요리 레시피

〈국〉
황태콩나물국 46
소고기미역국 48
우거지된장국 50
굴국 52
쑥된장국 54

〈찌개〉
돼지고기김치찌개 56
두부찌개 58
부대찌개 60
참치김치찌개 62
동태찌개 64
돼지고기감자찌개 66
돼지짜글이 68
순두부찌개 70
차돌박이된장찌개 72

〈탕〉
국물닭볶음탕 74
홍합탕 76
닭곰탕 78
소고기완자탕 80

Part4
심방골 주부의
맛깔나는 단골 반찬 레시피

〈나물〉
무나물 86
고사리나물 88
비름나물 90

〈무침〉
맑은콩나물무침 92
도라지무침 94
풋마늘오이무침 96
시래기된장무침 98
돌나물무침 100
도토리묵무침 102
골뱅이무침 104
꼬막무침 106

〈조림〉
두부조림 110
전복장 112
갈치무조림 114
우렁쌈장 118

〈볶음〉
간장오뎅볶음 120
꽈리고추오뎅볶음 122
꽈리고추멸치볶음 124
소시지야채볶음 126
마늘제육볶음 128
새송이버섯볶음 130
브로콜리소고기볶음 132
진미채볶음 134
고추장멸치볶음 136
표고버섯볶음 138
삼겹살숙주볶음 140
오징어볶음 142

〈간단반찬〉
계란말이 146
계란찜 148

Part5
심방골 주부의
입맛 사로잡는 장아찌 레시피

고추장아찌 152
양파장아찌 154
된장깻잎장아찌 156
두릅장아찌 160
간장매실장아찌 162
고추장매실장아찌 164
마늘장아찌 166
풋마늘장아찌 168
뽕잎장아찌 170

Part6
심방골 주부의
스페셜 레시피

〈일품요리〉
고추장돼지불고기 174
주꾸미볶음 178
오리주물럭 180
잡채 182
돼지갈비찜 186
깻잎전 190
두릅전 192
동태전 194
두부부침 196
소고기육전 198
애호박전 200
고구마맛탕 202
밤꿀조림 204

〈한끼 식사〉

떡국 206
팥죽 208
팥칼국수 210
감자볶음밥 212
열무비빔국수 214
비빔밥 216
김치말이국수 220
차돌박이국수 222
잔치국수 224
떡볶이 226
바지락칼국수 228
김치수제비 232

〈계절 음식〉

콩나물냉국 234
콩나물냉채 236
가지냉국 238
묵사발 240
수박화채 242
더덕구이 244
배숙 246
모과차와 생강차 248

Part7

심방골 주부의
쉽고 간단한 김치 레시피

한 망(3포기) 김장김치 254
배추겉절이 258
석박지 260
오이김치 262
파김치 264
부추김치 266
오이고추김치 268
깻잎김치 270
양파김치 272
여름 무생채 274
총각김치 276

Part 1

심방골 주부의
따뜻한 일상

나의 행복한 음식 이야기

음식 솜씨가 뛰어난 친정어머니 밑에서 어깨 너머로 요리를 배운 덕분인지 어려서부터 눈썰미가 좋았고 미각도 남달랐던 것 같아요. 결혼을 하고 나서는 요리 학원도 다녀본 일이 없고(물론 형편도 되지 않았지만) 그저 어머니의 흉내만 낸다고 생각하고 음식을 만들었어요. 다행히도 가족들이 맛있게 먹어주었지요. 그렇게 세월이 지나면서 맛을 내는 법을 점차 터득하게 되었고요. 무엇보다 그저 요리하는 것이 즐거웠고 정성껏 만든 음식을 가족들이 맛있게 먹어줄 생각을 하면 늘 행복했습니다.

이제는 내가 가장 잘하고 좋아하는 일을 꾸준히 할 수 있게 된 것에, 그리고 이 늦은 나이에도 다양한 활동을 하며 많은 분들에게 레시피를 소개할 수 있다는 것에 감사합니다. 그저 친정어머니와 시어머니께 배운 우리 한식의 기본을 요즘 분들에게 더 알리고 싶다는 마음뿐입니다.

책이나 유튜브를 보면 알 수 있듯이 거창한 레시피가 아닙니다. 하지만 음식은 정성이 반 이상을 차지한다고 믿어요. 건강한 음식을 모두가 맛있게 먹는 모습을 떠올리며 요리를 하다 보면 맛이 있을 수밖에 없다는 것이 저의 굳은 신념입니다.

물론 언제나 요리만 하는 것은 아니에요. 평소에는 클래식 음악을 듣기도 하고 사진 찍는 것을 좋아해서 사계절 다르게 변하는 시골의 모습을 카메라에 담으며 일상을 보내고 있어요. 나이가 들어도 감성은 젊었을 때와 여전하답니다. 마음만은 아직도 소녀 같다고 하면 흉보진 않을까 걱정이지만 사실인 걸요. 한 가지 바람이 있다면 해질녘 노을이 아름답게 빛나며 하늘을 물들이듯이 주변에 작은 행복을 전하며 남은 인생을 눈이 부시게 살아가는 것입니다.

사계절이 풍성한 심방골

'심방골 주부'로 요리 유튜버가 되었지만 일상에서는 농사를 비롯한 많은 일들을 하며 매일을 바쁘게 보내고 있어요. 아들과 함께 심방골에서 양봉을 주업으로 하며 벼농사를 병행하고 있지요. 벼농사가 쉽지는 않지만 가을에 노랗게 무르익은 들판을 바라보면 얼마나 뿌듯하고 벅차오르는지…. 저희 논에서는 5월에 모내기를 하기 전에 제초제를 한 번 뿌리고 나면 가을에 추수할 때까지는 약을 한 번도 쓰지 않아요. 그래서 논에 메뚜기도 정말 많답니다.

밭에서는 고추, 서리태콩, 마늘 등을 작농하고 있습니다. 이렇게 직접 키운 고추와 콩으로 고추장, 된장, 청국장을 만들어요. 집 앞 마당에 있는 항아리마다 각종 전통장이 담겨 있지요. 보기만 해도 참 든든한 요리 재료들입니다. 심방골 주부 집밥의 기본 맛은 모두 직접 담근 장맛에서 나오지요. 모든 장을 직접 키운 작물로 담기 때문에 백퍼센트 친환경 재료입니다(하지만 이 책에서는 많은 분들이 손쉽게 따라할 수 있도록 시판용 장도 사용했어요).

벼농사뿐만 아니라 남는 땅에 수박, 참외, 복숭아, 감, 포도, 사과, 토마토, 옥수수 등을 하나둘 심다 보니 심방골에는 사계절 내내 먹을거리가 풍성하답니다.

집 앞의 마당에는 수확한 작물들을 넣어두고 햇빛에 말리거나 시래기, 곶감 등을 처마 밑에 매달아두기도 합니다. 작물들을 다듬고 정리하는 작업 공간이기도 하고요. 세련된 고급 아파트나 으리으리한 기와집은 아니지만, 너른 앞마당이 있는 이 집이 우리에게는 참으로 소중합니다. 가을이면 수확한 작물들이 손질되어 곳곳에 자리하고 있으니 탁 트인 보물창고가 따로 없지요. 날이 좋으면 음식을 한상 차려서 가족들과 평상에 앉아 식사를 즐기는데요. 소박한 광경이지만 우리에게는 일상의 큰 기쁨이 됩니다.

마당 뒤편으로는 직접 기르는 닭들이 있습니다. 정성을 들여 보살피는 만큼 먹이에 각별히 신경을 써요. 싸라기, 벼, 사료 세 가지를 섞어서 하루 한 번 먹이고, 오가피나무 밑에 방사해두면 풀도 뜯어먹고 지렁이도 잡아먹지요. 시간 날 때마다 물렁 감을 따다주고 풀무치나 방아깨비를 잡아다 주기도 해요. 그러면 닭들이 엄청 좋아한답니다. 그래서 그런지 닭들이 낳은 계란은 노른자가 더 샛노랗고 탱글탱글해요.

심방골의 달콤살벌 양봉 이야기

저희 집은 마을에서 맨 꼭대기에 위치하고 있어요. 집 뒤로는 바로 산이랍니다. 집 앞쪽으로 70군 정도의 벌을, 집 뒤편으로는 130군 정도의 벌을 키우고 있어요. 총 200군의 벌이 있지요. 이렇게 양봉을 해온 지 어언 20년 가까이 되었습니다.

저도 처음에는 작은 땅에서 짓는 벼농사만으로 먹거리를 가꾸며 사는 전업주부였어요. 하지만 갑작스러운 남편의 실직으로 살아갈 길이 막막하던 순간에 친정 부모님의 권유로 양봉을 시작하게 되었어요. 아무런 지식도 없이 오로지 아이들을 키우기 위해 무작정 덤빈 일이라 막상 해보니 어려움이 한두 가지가 아니었어요. 수도 없이 벌에 쏘였고, 설상가상으로 벌 알레르기 체질이라는 것도 알게 되었지요. 온몸에 두드러기가 일어나고 열이 심하게 나서 녹초가 되어버리기 일수였습니다. 너무 속상해서 남몰래 펑펑 울었던 적도 많았지요.

첫해에 시험 삼아 벌 세 통을 가지고 시작해서 다섯 병의 꿀을 수확하였는데 신기하고 뿌듯했던 감정이 아직도 또렷합니다. 그때부터 점차 벌통 수를 늘려나가기 시작했고, 수많은 실패와 시행착오를 겪으면서 철저하게 관리하는 방법을 터득했지요.

매년 입춘(立春)이 다가오면 겨울잠을 자던 벌들을 깨운 다음 봄 벌을 키우는 작업에 돌입합니다. 봄에 벌을 육아하는 데 꼭 필요한 것이 두 가지가 있는데요. 바로 물과 꽃가루입니다. 물과 꽃가루 떡을 충분히 넣어주어야 벌들이 새끼를 기르는 데 지장이 없습니다. 최대한 5월, 꿀을 뜰 무렵까지 벌들을 강하게 길러내야 그해 아카시아 꿀을 잘 뜨기 위한 기본 조건이 갖춰진다고 할 수 있지요.

하지만 이렇게 철저하게 준비를 했다고 해서 해마다 꿀을 많이 딸 수 있는 것은 아닙니다. 연중 열흘에서 보름 동안 정해진 시기에 아카시아 꿀 채밀을 하기 때문에 그 기간 동안 날씨가 중요한 역할을 해요. 비가 많이 내리거나, 혹은 바람이 많이 불어 아카시아 꽃이 마르게 되면 그해 아카시아 꿀은 흉작을 면치 못하지요. 밀원이 부족한 우리나라에서는 아카시아 꿀이 귀합니다. 이렇게 정성을 들여 채밀한 품질 좋은 꿀은 요리할 때도 건강한 감미료로 요긴하게 쓰입니다.

정성이 담긴 장을 담그는 일

장을 담그는 일은 고되지만 언제나 설레는 일이지요. 한 해 동안 가족들의 건강을 지켜줄 귀한 먹거리이기 때문에 장맛이 좋으면 그해는 길한 해라고 할 정도로 장 담그는 날을 신성하게 여겼던 조상들의 지혜를 기억하려고 해요. 그중에서도 심방골에서 가장 정성을 들이는 것이 바로 고추장 담그는 일입니다.
겨울이 되면 고추장 메주를 쑤어 여러 날 불을 때가며 온돌방에 올려 띄운 다음 방앗간에 가서 곱게 빻아옵니다. 밤이슬을 맞혀가면서 냄새를 날리고 햇볕 아래 두어 빛이 바래면 고추장을 담을 메주가루가 준비되지요. 수확한 고추를 곱게 빻아와 고춧가루를 준비하고 직접 기른 엿기름을 삭혀 조청을 만들고 나면 비로소 고추장을 만들 준비가 모두 끝이 납니다. 엿기름 자체로도 고추장을 담글 수는 있지만 일일이 삭혀서 달이는 과정을 거친 조청물을 써야 유리알 같이 반들하고 고운 빛깔에 깔끔한 맛을 내는 고추장이 완성됩니다.

고추장을 만드는 일은 시작부터 꼬박 일주일이 소요가 됩니다. 완성된 고추장은 햇볕과 바람을 적절히 쐬어주며 약 8개월 동안 항아리에 담아 숙성시켜주어야 하지요. 항아리에 고추장을 담은 뒤에도 해가 뜨기 전 아침에 단지 뚜껑을 열어놓고 해가 지기 전 닫는 작업을 지속적으로 반복해주어야 해요. 밭에서 농사를 짓다가 소나기라도 내리는 날이면 헐레벌떡 달려와 뚜껑을 덮어준답니다.

우리의 전통 장을 담그는 과정은 이토록 쉽지가 않아요. 긴 시간 동안 노력과 정성이 깃들지 않는다면 깊은 맛을 낼 수가 없지요. 직접 담근 장으로 요리를 하면 특별한 조미료가 없어도 그 맛이 일품이에요. 하지만 많은 분들이 시판용 장으로도 같은 맛을 낼 수 있냐고 물어보시기 때문에 일반 장으로도 좋은 맛을 낼 수 있는 레시피 위주로 연구하고 있답니다.

Part 2

요리가 더 맛있어지는
심방골 주부의
필살기

생강청

심방골 주부 레시피에서 절대 빼놓을 수 없는 재료가 생강청이에요.
매년 10~11월 토종 생강 수확철이면 건강에 좋은 성분이 가득한
생강청을 담가서 평상시 요리에 빠짐없이 활용하는 편이지요.
가끔은 물에 타서 음료로도 마시는데 육류 섭취 후에는
몸에 쌓인 지방 성분을 녹여주기도 하는 귀한 식재료입니다.

재료 생강 2kg, 꿀 1병(2.4kg)

1. 생강은 흙이 나오지 않게 흐르는 물에 씻고, 껍질을 벗긴 뒤 다시 깨끗이 씻어 물이 빠지도록 건져두세요.
2. 생강을 채칼로 최대한 얇게 썰어주세요.
3. 썰어놓은 생강을 유리 용기에 넣고 꿀을 부어서 실온에서 보관해주세요. 꿀을 붓고 하루가 지난 뒤 한 번씩 뒤적이면서 골고루 절여지도록 해주세요.
4. 꿀이 완전히 묽어지면 일주일간 냉장 보관한 후에 사용하세요.

매실청

다양한 음식의 감미료로 사용되는 매실청입니다.
5~6월이 제철인 매실로 청을 담가두면 과육은 장아찌로,
진액은 1년간 숙성시켜 각종 요리에 쓸 수 있어요.
여름철에 시원한 물에 타서 마시면 갈증을 해소하고
소화를 돕는 건강한 음료로 활용할 수 있어요.

꿀 담금 재료 매실 4kg, 꿀 3.6kg (1.5병)
설탕 담금 재료 매실 4kg, 설탕 3.2kg

1. 매실은 흐르는 물에 두 번 정도 깨끗이 씻어 꼭지를 제거해주세요. 물기가 마르면 씨를 따로 분리하고 과육은 잘게 저며주세요.
2. 저며놓은 매실은 통에 담고 꿀을 충분히 부은 뒤 실온에서 보관해주세요.
3. 꿀이 용해되도록 하루 두 번 정도 저어주고, 이틀 뒤 완전 용해되면 냉장 보관해주세요.
4. 꿀로 담은 경우 냉장 보관 후 보름이 지나면 과육을 건져내고, 매실액만 냉장고에서 1년간 발효시켜서 사용하세요. 설탕으로 담은 경우 한 달이 지나면 과육을 건져내고, 매실액만 실온 보관하면서 발효시키면 됩니다.

심방골 주부의 매실청 담그는법 Tip :

1. 매실의 꼭지에는 독성이 있어서 그대로 담그면 쓴맛이 나기 때문에 반드시 제거해주세요.
2. 꿀로 담은 매실청은 실온에 보관하면 발효가 심해 식초가 될 수 있으므로 이틀이 지난 후에는 반드시 냉장 보관해주세요.
3. 꿀로 담은 매실청은 냉장고에서 1년간 발효시키면 다음 해에 시원한 음료로 즐길 수 있고, 요리할 때 설탕 대용으로 다양하게 사용할 수 있어요.

멸치육수

멸치 육수는 모든 국물 요리에 기본이 됩니다.
미리 만들어두면 생수나 쌀뜨물과 섞어서
활용이 가능해서 요리 시간을 단축시킬 수 있지요.
국물 요리의 깊은 맛을 낼 수 있는 비법 육수를 소개합니다.

재료 국물용 멸치 300g, 생수 4.5L, 무 2토막(450g), 다시마 2쪽(30g), 양파 1개, 대파 2개, 생강청 건더기 1큰술

1. 무와 양파는 큼지막하게 썰어주고, 멸치는 내장을 제거해 준비해주세요.
2. 냄비에 모든 재료를 한 번에 넣고 센 불에서 끓여주세요.
3. 육수가 끓으면 거품을 걷어내고 중불로 줄여 10분간 끓여주세요.
4. 다시마는 먼저 건져내고, 1시간 ~ 1시간 30분간 취향에 맞게 약불에서 끓여주세요.
5. 체에 재료를 걸러내고 육수통에 멸치육수를 부어주면 진한 멸치육수가 완성됩니다. 요리를 할 때, 쌀뜨물이나 생수를 육수와 1 대 1 비율로 섞어 사용해주세요.

심방골 주부의 요리 Tip

1. 잔잔한 멸치보다 중멸치로 육수를 내야 더 진하고 맛있게 완성됩니다.
2. 멸치 100g당 생수 1.5L의 비율을 기준으로 필요한 양을 조절하세요. (기본 비율 = 멸치 100g : 생수 1.5L : 무 150g : 다시마 10g)

만능 양념간장

전을 비롯한 기름진 음식에 곁들이면 느끼함을 없애고
깔끔한 맛을 내주는 만능 양념간장이에요.
국간장과 진간장이 적당한 비율로 섞이면
청양고추를 썰어 넣어도 그리 맵지 않답니다.
입맛이 없을 때 밥 위에 올려 슥슥 비벼도 별미가 되지요.

재료 국간장 1큰술, 진간장 1큰술, 쪽파 1뿌리, 청양고추 3개, 마늘 1톨, 들기름 1.5큰술, 깨소금 1큰술

1. 청양고추는 다지고, 쪽파, 마늘도 썰어주세요.
2. 국간장과 진간장을 같은 비율로 섞고 남은 재료들을 모두 넣어 골고루 섞어주세요.

심방골 주부의 요리 Tip

1. 양념간장에 청양고추를 넉넉히 넣어도 맵지 않아요. 오히려 깔끔한 맛이 나지요.
2. 국간장만 들어가면 짠맛이 강해지기 때문에 진간장과 같은 비율로 섞어주어야 훨씬 맛있어요.

볶은 소금

음식을 할 때 빠질 수 없는 재료 중 하나가 소금이지요.
간수가 남아 쓴맛이 나는 천일염을 집에서 직접 볶아보세요.
센 불에 수분을 날려 정제된 맛을 내는 볶은 소금 레시피입니다.

재료 천일염 700g(필요한 만큼 사용)

1. 집에서 안 쓰는 팬에 천일염을 넣고 센 불에서 볶아주세요.
2. 소금이 탁탁 튀기 시작하면 중불로 줄여서 색이 노르스름해질 때까지 볶아주세요.
3. 굵은소금을 사용할 때는 그대로 쓰고, 고운 소금이 필요하면 덜어서 믹서기에 갈아서 사용하세요.

심방골 주부의 요리 Tip

1. 천일염은 간수가 어느 정도 남아 있기 때문에 양념으로 바로 쓰면 쓴맛이 나요. 이렇게 센 불에 볶아서 수분을 날려주어야 재료로 쓰기 좋아요.
2. 천일염을 볶으면 염분이 증발하기 때문에 꼭 베란다나 실외에서 볶아야 해요. 부득이하게 실내에서 볶을 경우 반드시 창문을 열어주어야 가전제품이나 집기가 상하지 않아요!

Part 3

심방골 주부의
감칠맛 나는 국물 요리
레시피

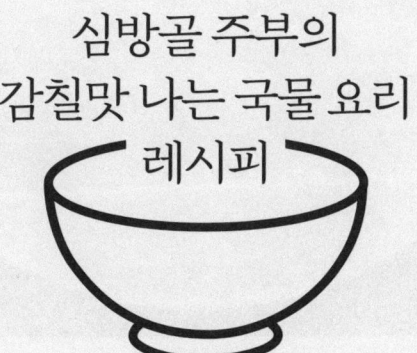

국

황태 콩나물국

칼칼하고 깔끔한 맛을 살린 황태콩나물국입니다.
멸치육수 없이도 황태에서 우러나온 국물이 깊은 맛을 내지요.
감기에 걸렸거나 입맛이 없을 때 뜨끈한 황태콩나물국을 추천합니다.

재료 콩나물 1봉지, 대파 1뿌리, 청양고추 2개, 양파 ¼개,

육수 황태포 50g, 다시마 2쪽, 생수 1.5L
국물 새우젓 1큰술, 다진 마늘 1큰술, 볶은 소금 1작은술

황태는 물에 씻어 물기를 짠 뒤, 적당한 크기로 찢어주세요. 냄비에 육수 재료(생수는 1L만)를 넣고 센 불로 끓여주세요.

국물이 끓으면 중불로 줄여 10분간 더 끓여주세요. 다시마는 건져내고 남은 생수 500ml를 추가해주세요.

손질해둔 양파, 콩나물, 청양고추를 넣고 센 불에서 익을 때까지 끓여주세요. 중간중간 끓어오르는 거품은 제거해주세요.

국물 재료를 넣고 간을 맞춘 후 콩나물이 익었을 때 대파를 넣고 30초간 더 끓여주세요.

심방골 주부의 요리 Tip

1. 콩나물을 끓일 때 뚜껑을 닫아두면 비린내가 나요. 반드시 뚜껑을 처음부터 열고 끓여주세요.

소고기 미역국

누구나 쉽게 끓일 수 있는 소고기 미역국이지만
좀 더 깔끔한 맛을 낼 수 있는 심방골 주부만의 팁을 소개할게요.
소고기 양지머리와 미역을 볶지 않고 끓이는 것이 비결이에요.
생일상이 아니더라도 뜨끈한 국 생각이 날 때 끓여보세요.

재료 미역 20g, 국간장 5큰술

육수 소고기 양지머리 400g, 생수 1L, 생강청 건더기 ½큰술
밑간양념 다진 마늘 1큰술, 볶은 소금 1작은술

미역은 2시간 동안 물에 불리고, 양지머리는 핏물이 빠지게 깨끗이 씻어주세요.

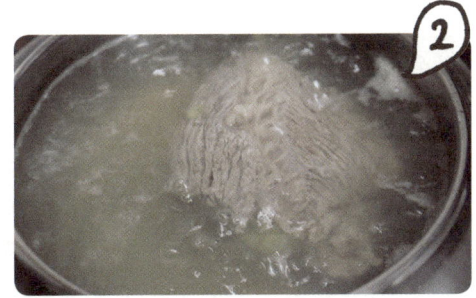

냄비에 육수 재료를 넣고 끓여주세요. 물이 끓으면 약불로 2시간 동안 푹 삶아주세요.

삶은 양지머리는 썰어 밑간양념 재료를 넣고 무친 뒤 10분간 재워주세요.

육수가 담긴 냄비에 양지머리와 미역을 넣고 끓이다가 국간장으로 간을 맞춰주세요.

국물에서 올라온 기름기는 두 번 정도 걷어서 끓여주세요.

심방골 주부의 요리 Tip

1. 미역은 물에 불려두어서 충분히 부드럽기 때문에 참기름에 볶지 않고 바로 끓입니다. 미역을 볶을 때 나온 기름이 양지머리에서 나온 기름과 더해지면 국물이 느끼해질 수 있어요.

2. 미역국을 끓일 때 생기는 기름을 걷어주면 훨씬 더 깔끔한 소고기미역국을 즐길 수 있어요.

국

우거지 된장국

레시피 영상 보기

감칠맛을 올려주는 멸치육수에 된장으로 무친 우거지를 넣고
한소끔 끓여 구수한 맛을 살린 우거지된장국이에요.
부드러운 우거지의 식감을 살리는 심방골 주부만의 팁을 소개합니다.

재료 배춧잎 12장, 된장 2큰술, 볶은 소금 ½큰술

육수 멸치육수 500ml, 쌀뜨물 500ml, 대파 1개, 청양고추 2개

끓는 물에 볶은 소금과 배춧잎을 넣고 2분간 빠르게 삶아 데친 후 흐르는 물에 씻으면서 껍질을 벗겨주세요.

우거지의 물기를 짠 후 알맞은 크기로 썰고, 청양고추와 대파도 썰어주세요.

냄비에 우거지와 된장을 넣고 무친 뒤 기름을 넣지 말고 그대로 1분간 볶아주세요.

볶은 우거지 위에 멸치육수와 쌀뜨물을 같은 비율로 부어 5분 정도 끓인 후 남은 육수 재료를 넣고 1분간 더 끓여주세요.

심방골 주부의 요리 Tip

1. 배춧잎을 데쳐 껍질을 벗겨주어야 질기지 않고 부드럽게 익어요.
2. 우거지를 된장에 무친 후 볶아주면 된장 맛이 배어 감칠맛이 살아나요. 볶을 때 기름이 들어가면 느끼해지니 우거지만 볶아주세요.

국

굴국

매서운 추위에 따끈한 국물이 생각날 때 담백한 굴국을 끓여보세요.
바다의 우유라고 불리는 영양만점 굴에 무를 넣고 끓이면
시원한 국물이 우러나와 더욱 맛있는 겨울철 별미가 완성됩니다.

재료 굴 300g, 생수 1L, 무 1토막(300g), 양파 ½개, 생강청 건더기 ½큰술, 청양고추 2개, 대파 1뿌리, 굵은소금 1큰술, 다진 마늘 1큰술, 볶은 소금 ½큰술

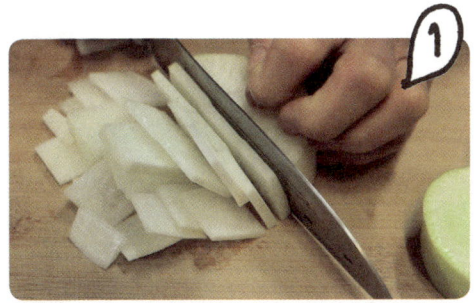

무, 양파, 대파, 청양고추는 알맞은 크기로 썰어주세요.

냄비에 생수를 부은 뒤, 무를 넣고 5분간 중불에서 끓여주세요.

생굴은 흐르는 물에 씻고, 다시 굵은소금을 넣은 물에 씻은 후 물기를 빼주세요.

물이 끓으면 양파, 생강청 건더기를 넣고 약불에서 5분간 더 끓여주세요.

무가 익었으면 청양고추와 굴을 넣고 1분간 끓인 뒤 대파를 넣어주세요. 볶은 소금과 다진 마늘로 간을 맞춘 뒤 1분간 더 끓이면 됩니다.

심방골 주부의 요리 Tip

1. 굵은소금을 넣은 물로 굴을 씻어주면 더 탱글탱글해져요.
2. 국간장 대신 깔끔하게 소금으로 간을 하면 훨씬 시원한 맛이 나요.

국

쑥된장국

해쑥으로 만든 봄내음 가득한 쑥된장국이에요.
쓴맛이 나지 않게 쑥을 손질해서 콩가루를 무치면
국물에 고소한 맛이 듬뿍 배어납니다.

재료 쑥 3줌, 쌀뜨물 500ml, 멸치육수 500ml, 된장 1.5큰술, 콩가루 2큰술, 대파(또는 풋마늘) 1뿌리

대파는 미리 알맞은 크기로 썰고, 쑥은 흐르는 물에 세 번 정도 문질러서 씻은 후 물기가 빠지게 체에 받칩니다.

씻어둔 쑥에 콩가루를 넣고 고루 섞어주세요.

냄비에 쌀뜨물과 멸치육수를 같은 비율로 붓고 된장을 풀어 끓여주세요.

국물이 끓어오르면 콩가루 입힌 쑥을 넣고 5분간 중불에서 끓여주세요.

거품은 계속 걷어주고 대파를 넣고 1분간 더 끓여주세요.

심방골 주부의 요리 Tip

1. 쑥은 흐르는 물에서 손으로 여러 번 박박 문질러서 씻어주어야 쓴 물이 빠지고 부드러워져요.
2. 쑥에 콩가루를 섞어주면 더욱 고소한 쑥의 풍미를 즐길 수 있어요.

돼지고기 김치찌개

돼지고기 김치찌개는 전 국민이 사랑하는 메뉴지요.
요리 초보자도 레시피만 있으면 아주 맛있게 끓일 수 있어요.
매콤한 국물이 생각날 때, 목삼겹살을 넣고 칼칼하게 끓여보세요.

재료 돼지고기 목삼겹살 300g, 묵은지 ¼포기, 양파 ½개, 대파 1뿌리, 두부 1모, 쌀뜨물 1L

밑간양념 생강청 1큰술, 후추 약간
찌개양념 볶은 소금 1.5작은술, 고춧가루 1.5큰술, 다진 마늘 1큰술, 김칫국물 1국자

양파, 대파, 두부, 묵은지, 목삼겹살을 모두 각각 알맞은 크기로 썰어주세요.

냄비에 목삼겹살과 밑간양념 재료를 넣고 섞어 5분간 재워주세요.

목삼겹살을 30초 동안 볶다가 이어서 묵은지, 양파 순으로 넣고 각각 30초씩 볶아주세요.

냄비에 쌀뜨물을 붓고 끓여주세요. 국물이 끓기 시작하면 찌개양념 재료를 넣고 간을 맞춰주세요.

두부를 넣어 3분간 끓이다가 마무리 단계에서 대파를 넣고 1분간 끓여주세요.

심방골 주부의 요리 Tip

1. 고기와 김치의 맛을 각각 살리고 싶다면 초반에 따로 볶아주고, 좀 더 빠르게 완성하려면 같이 볶아주세요.
2. 청양고추는 기호에 따라 추가해주세요.

찌개

두부찌개

영양만점 두부를 가득 넣고 매콤하게 찌개를 끓여보세요.
고기를 넣지 않아 깔끔하고 담백한 맛을 내는 레시피입니다.

재료 두부 1모, 애호박 ½개, 양파 1개, 느타리버섯 150g, 새송이버섯 1줌, 대파 1뿌리, 청양고추 1개

찌개양념 고추장 1큰술, 새우젓 2큰술, 고춧가루 1큰술, 물 1큰술, 다진 마늘 1큰술
육수 마른표고버섯 1줌, 멸치 2줌, 다시마 1쪽, 생강청 건더기 1큰술, 생수 1L, 청양고추 1개, 양파껍질 조금

레시피 영상 보기

냄비에 육수 재료를 모두 넣고 끓기 시작하면 약불로 줄여 30분간 푹 끓여주세요. 완성된 육수는 건더기를 걸러 준비합니다.

느타리버섯, 새송이버섯, 애호박, 양파, 대파, 두부, 청양고추를 알맞게 썰어주세요.

볼에 찌개양념 재료를 넣고 고루 섞어 양념장을 만들어주세요.

냄비에 두부와 썰어둔 야채를 담고 양념장을 얹어 뜨거운 육수를 부어주세요.

뚜껑을 열고 5분간 끓여주세요. 재료가 익으면 거품은 걷어내주세요.

심방골 주부의 요리 Tip

1. 육수에 양파껍질을 넣어 같이 끓이면 찌개의 감칠맛이 더욱 올라갑니다.

찌개

부대찌개

아무리 칼칼한 찌개라도 햄이 섞이면 느끼한 맛이 남지요.
재료는 풍부하게 넣으면서도 느끼하지 않은 심방골 주부표 부대찌개는
친구나 가족이 모였을 때 인기만점 요리가 될 거예요.

재료 돼지고기 150g, 햄 1캔, 소시지 1봉지, 김치 ⅛포기, 양파 ½개, 대파 2뿌리, 쌀뜨물 800ml

밑간양념 생강청 1큰술, 후추 약간
찌개양념 고춧가루 1.5큰술, 다진 마늘 1.5큰술, 고추장 1큰술, 진간장 1큰술

돼지고기는 밑간양념과 섞어 10분간 재워주세요.

양파, 대파, 소시지, 햄, 김치는 알맞은 크기로 썰어주세요.

볼에 찌개양념 재료를 넣고 고루 섞어서 양념장을 만들어주세요.

냄비에 썰어놓은 재료를 담고 양념장을 얹어 쌀뜨물을 붓고 끓여주세요.

찌개가 끓기 시작하면 거품은 걷어주고 재료가 익을 때쯤 기호에 따라 라면 사리를 넣어 끓여주세요.

심방골 주부의 요리 Tip

1. 국물양념 재료를 각각 따로 넣고 끓이는 것보다 한 번에 섞어서 넣어주는 것이 더 맛있어요.
2. 국물을 끓일 때 나오는 거품을 제거해주면, 햄과 소시지에서 나오는 느끼함을 잡아주어 훨씬 깔끔한 맛이 나요.

찌개

참치김치찌개

목삼겹살 대신 참치를 넣어 완성하는 참치김치찌개예요.
워낙 손쉬운 요리로 잘 알려져 있지만
맛깔나게 완성하는 팁을 모른다면 이번에 도전해보세요!

재료 참치 1캔, 김치 ¼포기, 양파 ½개, 대파 1뿌리, 생수 800ml,

찌개양념 고춧가루 1큰술, 김칫국물 1국자, 볶은 소금 1작은술

양파와 대파, 김치는 알맞은 크기로 썰어주세요.

캔에 담긴 참치 기름으로 양파와 김치를 3분간 볶다가 생수를 넣고 끓입니다.

찌개가 끓으면 참치와 찌개양념 재료를 넣고 끓여주세요.

마지막으로 대파를 넣어 1분간 더 끓여주세요.

심방골 주부의 요리 Tip

1. 김치를 볶을 때는 느끼해지지 않게 다른 기름은 두르지 않고 참치기름으로만 볶아주세요.
2. 취향에 따라 간을 더 하고 싶을 때는 소금이 아닌 김칫국물을 추가해 간을 맞추면 감칠맛이 더 살아나요.

| 찌개 |

동태찌개

쌀쌀한 겨울날에 어울리는 동태찌개입니다.
담백한 동태 살과 칼칼한 국물이 만나
비린내가 나지 않는 찌개를 끓여보세요.

재료 동태 1마리, 바지락 15개, 미더덕 10개, 무 1토막, 두부 1모, 양파 ½개, 대파 1뿌리,
청양고추 2개, 고추장 1큰술, 생강청 건더기 ½큰술, 볶은 소금 ½큰술,
고춧가루 1큰술, 다진 마늘 1큰술, 쌀뜨물 1L

동태는 깨끗하게 손질하고, 바지락과 미더덕도 미리 준비해주세요. 무, 양파, 대파, 청양고추, 두부도 알맞은 크기로 썰어주세요.

냄비에 무와 고추장을 넣고 볶다가 쌀뜨물을 부어 6분간 끓여준 뒤, 동태와 바지락, 미더덕, 생강청 건더기를 넣어주세요.

5분 정도 지나면 거품은 걷어내고, 양파와 청양고추를 넣어 뚜껑을 덮고 3분간 더 끓여주세요.

고춧가루, 볶은 소금, 두부, 다진 마늘을 넣고 2분간 더 끓여주세요.

재료들이 익고 간이 배이면 대파를 넣고 1분 정도 더 끓여서 완성합니다.

심방골 주부의 요리 Tip

1. 동태 손질 시 내장 속의 검은 막과 핏덩이는 비린내의 주범이니 꼭 제거해주세요. 곤이는 내장과 분리하여 찌개를 끓일 때 따로 사용해도 됩니다.
2. 무를 고추장에 먼저 볶으면 미리 간이 배어 그냥 끓이는 것보다 더 맛있어요.
3. 찌개가 끓을 때 동태살을 넣어야 부서지지 않고, 생강청 건더기를 함께 넣어야 비린 맛을 잡을 수 있어요.

찌개

돼지고기 감자찌개

레시피 영상 보기

감자의 포슬포슬한 식감과 돼지고기의 깊은 맛이 어우러진
돼지고기감자찌개는 요리 초보자도 손쉽게 끓일 수 있어요.
냄비에 바로 물을 붓고 한꺼번에 끓이는 것보다
재료를 미리 볶은 후 끓이면 각각의 맛을 더 살릴 수 있지요.

재료 감자 4개, 돼지고기 전지 300g, 양파 1개, 대파 1뿌리(또는 청양고추 2개),
고추장 1큰술, 들기름 1큰술, 쌀뜨물 700ml

밑간양념 생강청 1큰술(또는 맛술), 후추 약간
찌개양념 고춧가루 1큰술, 다진 마늘 1큰술, 진간장 2큰술

돼지고기는 밑간양념 재료를 섞어 10분간 재워주세요.

감자는 도톰하게, 양파와 대파는 알맞은 크기로 썰어주세요.

냄비에 들기름을 두르고 양파, 감자, 고추장을 넣고 중불로 1분간 볶아주세요.

돼지고기를 넣고 1분간 더 볶다가 쌀뜨물을 넣고 한소끔 끓여주세요.

찌개가 끓어오르면 찌개양념 재료를 넣고 간을 맞춘 뒤 대파를 넣고 1분간 더 끓여주세요.

심방골 주부의 요리 Tip

1. 감자와 양파를 먼저 볶고 난 후에 돼지고기를 볶아야 맛이 섞이지 않고 궁합이 좋은 돼지고기감자찌개를 즐길 수 있어요.
2. 생수보다 쌀뜨물로 찌개를 끓이면 훨씬 부드럽고 깔끔한 맛이 나요.

찌개

돼지짜글이

돼지고기 목삼겹살의 누린내를 잡아 자작하게 끓인
돼지짜글이찌개에 청양고추로 칼칼함을 더했어요.
김치찌개와는 또다른 매력이 있는 레시피입니다.

재료 돼지고기 목삼겹살 300g, 감자 1개, 양파 ½개, 대파 1뿌리, 청양고추 1개,
생수 200ml, 올리브유 1큰술

밑간양념 생강청(또는 맛술) 1큰술, 후추 약간, 다진 마늘 ½큰술
찌개양념 고추장 1.5큰술, 고춧가루 1큰술, 진간장 3큰술, 된장 ½큰술, 다진 마늘 ½큰술

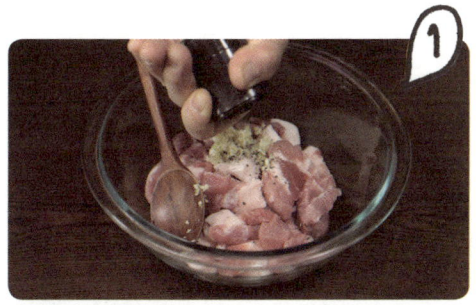

돼지고기에 밑간양념 재료를 섞어 10분간 재워주세요. 남은 재료들은 알맞은 크기로 썰어주세요.

올리브유를 두른 팬에 돼지고기를 30초간 볶아주세요.

양파를 넣고 1분간 볶다가 미리 섞어둔 찌개양념을 넣고 재료에 간이 배이도록 30초간 더 볶아주세요.

감자를 넣어 1분간 볶다가 생수를 붓고 뚜껑을 덮어 5분간 중불로 끓여주세요.

국물이 자작하게 졸아들면 청양고추, 대파를 넣고 1분간 끓여주세요.

심방골 주부의 요리 Tip

1. 처음부터 재료를 한꺼번에 볶지 말고 반드시 순서대로 넣고 볶아주세요.
2. 조금 더 칼칼한 돼지짜글이를 즐기고 싶으면, 청양고추를 1개 정도 더 추가해주세요.

찌개

순두부찌개

레시피 영상 보기

돼지고기와 바지락의 맛이 조화를 이루는 순두부찌개!
순두부 위에 계란 노른자를 얹어 색감과 맛을 살렸어요.
레시피만 익히면 집에서도 실패없이 완성할 수 있어요.

재료(3인분 기준) 순두부 250g, 김치 3쪽, 바지락 1줌, 돼지고기 100g, 느타리버섯, 양파 1개, 대파 ½개, 청양고추 1개, 계란 1개, 새우젓, 식용유 약간, 생수 300ml

찌개양념 고춧가루 1.5큰술, 다진 마늘 1큰술, 참기름 약간

순두부는 가운데를 반으로 갈라 체에 받쳐 간수를 빼고, 나머지 재료는 모두 알맞게 썰어서 준비해주세요.

뚝배기가 열에 달궈지면 식용유를 두르고 양파와 돼지고기를 넣어 약불에서 2분간 볶아주세요.

찌개양념 재료를 넣고 2분간 함께 볶으며 고추기름을 내주세요.

김치를 넣고 2분 동안 더 볶다가 생수를 넣고 센 불에서 끓여주세요.

바지락과 느타리버섯을 넣은 뒤 끓기 시작하면 순두부를 넣어주세요.

찌개가 끓으면 대파와 청양고추, 계란 노른자를 올리고, 모자란 간은 취향에 맞게 새우젓으로 조절하세요.

찌개

차돌박이 된장찌개

고깃집 단골 메뉴 차돌박이 된장찌개입니다.
집에서도 시판용 된장으로 얼마든지 그 맛을 낼 수 있어요!
고소한 차돌박이와 구수한 된장이 만나
담백하고 깊은 맛을 느낄 수 있어요.

재료 차돌박이 100g, 애호박 ½개, 두부 ½모, 감자 ½개, 대파 ½개, 청양고추 2개,
쌀뜨물 500ml, 된장 2큰술, 표고버섯 2줌, 다진 마늘 1큰술

애호박, 두부, 감자, 대파, 청양고추는 알맞은 크기로 썰어주세요.

뚝배기에 쌀뜨물을 붓고 된장을 푼 뒤 표고버섯을 넣고 1분 정도 끓여주세요.

감자를 넣고 팔팔 끓여주세요.

국물이 끓으면 애호박, 두부, 청양고추를 넣고 약불에서 다시 3분간 끓여주세요.

차돌박이를 넣고 익을 때까지 끓인 뒤, 대파와 다진 마늘을 넣고 끓여 마무리해주세요.

탕

국물닭볶음탕

깔끔한 한식으로 손님을 대접할 때
얼큰한 국물이 일품인 닭볶음탕을 만들어보세요.
닭을 한 번 데쳐서 느끼한 맛을 제거하고
깔끔하게 끓이는 게 비결입니다.

재료 생닭 1마리(9호) 750g, 대파 1뿌리, 양파 1개, 감자 5개, 당근 ½개, 생수 400ml, 꿀 1큰술

탕양념 고추장 1큰술, 고춧가루 1큰술, 다진 마늘 1큰술, 진간장 4큰술, 생강청 1큰술,
맛술 1큰술, 후추 약간

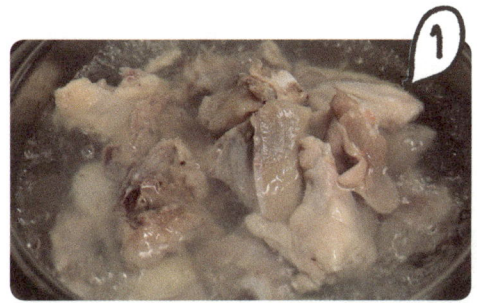

닭은 지방이 많은 부분을 제거하여 씻은 후, 3분 동안 데치듯 삶고 물을 버려주세요.

양파, 대파, 감자, 당근은 알맞은 크기로 썰고, 볼에 탕양념 재료를 넣고 섞어주세요.

냄비에 데친 닭과 양념장을 넣고 30초간 볶다가 양파를 넣고 1분간 더 볶아주세요.

감자, 당근, 생수를 넣고 국물이 끓어오르면 약 20분간 약불에서 끓여주세요. 닭과 감자가 고루 섞이도록 두세 번 정도 뒤적여주세요.

닭이 익으면 꿀과 대파를 넣고 1분간 더 끓여주세요.

심방골 주부의 요리 Tip

1. 닭을 미리 한 번 데치듯 삶은 뒤 끓이면 불순물이 제거되어 훨씬 깔끔한 닭볶음탕을 만들 수 있어요.
2. 생수 용량이 적게 보일 수 있으나, 양파에서 수분이 나오기 때문에 괜찮아요.

홍합탕

속이 느끼하거나 입맛이 없을 때
감칠맛 나는 홍합탕을 끓여보세요.
간단한 술 안주 혹은 해장으로도 안성맞춤입니다.

재료 홍합 1팩, 대파 1뿌리, 생수 600ml, 청양고추 2개, 다진 마늘 ½큰술, 볶은 소금 1작은술

홍합의 수염을 제거하고 흐르는 물에 2~3회 깨끗이 씻어주세요. 대파와 청양고추는 알맞은 크기로 썰어주세요.

냄비에 홍합을 담고 덜 잠길 만큼 생수를 부어 끓여주세요. 불순물이 섞인 거품은 수시로 걷어주세요.

국물의 색이 뽀얗게 우러나오면 홍합 껍질을 어느 정도 제거한 뒤 계속 끓여주세요.

청양고추와 다진 마늘, 볶은 소금을 넣고 간을 맞춰주세요.

마무리로 대파를 넣고 1분간 더 끓여주세요.

심방골 주부의 요리 Tip

1. 물이 끓은 후에 홍합을 넣으면 입을 벌리지 않아 비린 맛이 날 수 있어요.
2. 칼칼한 홍합탕이 싫다면 청양고추를 1개 또는 ½개 정도만 넣어주세요.

탕

닭곰탕

맑고 깨끗한 닭고기 육수를 베이스로 끓인 곰탕이에요.
부드러운 닭고기 살과 깔끔한 국물 맛이 일품이지요.
여름에 이열치열 보양식으로도 안성맞춤이에요!

재료 청양고추 2개, 당면 70g, 대파 1뿌리

육수 닭(12호) 1마리, 대파 자투리 3뿌리, 양파 1개, 생강청 건더기 1큰술, 마늘 10톨, 물 2L, 통후추 15알
밑간양념 다진 마늘 1큰술, 후추 약간, 볶은 소금 약간

레시피 영상 보기

당면은 차가운 물에 40분간 담가서 불려두고, 냄비에 육수 재료를 넣고 센 불에서 10분, 중불에서 10분, 약불에서 20분간 삶아주세요.

중간에 닭이 고루 익도록 한 번 뒤집어주고, 젓가락이 부드럽게 들어가면 닭과 재료들을 모두 건져내 육수를 준비하세요.

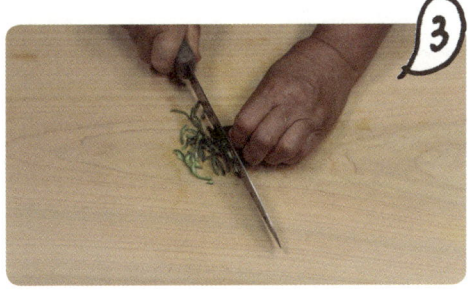

고명으로 얹을 대파와 청양고추는 씨를 제거한 뒤 썰어주세요.

식은 닭은 살을 발라서 볼에 담긴 밑간양념 재료를 넣어 섞어주세요.

뚝배기에 당면, 닭고기, 대파, 청양고추를 넣고 준비한 육수를 부어 한소끔 끓여주세요.

심방골 주부의 요리 Tip

1. 닭곰탕은 간장으로 간을 하면 색이 탁해지므로 소금을 사용해주세요. 부족한 간은 먹기 전 소금과 후추로 다시 맞춰주세요.

탕

소고기 완자탕

비교적 단순한 재료로 손쉽게 만들 수 있는 소고기완자탕이에요.
다진 소고기로 완자를 만들어 깔끔하게 끓여내면
탄성이 절로 나오는 겨울철 별미가 됩니다.

재료 밀가루, 볶은 소금 ½작은술, 배춧잎 3장, 생수 300ml

소고기완자 한우 다짐육(설도) 250g, 두부 ½모, 대파 1뿌리, 양파 ½개, 계란 1개, 다진 마늘 1큰술, 볶은 소금 2작은술
육수 육수용 멸치 20마리, 생수 700ml, 다시마 2쪽, 생강청 건더기 ½큰술
밑간양념 맛술 2큰술, 후추 약간

다짐육은 밑간양념 재료를 섞어 10분간 재워 두세요.

냄비에 육수 재료를 넣고 센 불로 끓이다가 10분 후 다시마는 먼저 건져내고 40분 동안 끓여주세요.

대파와 양파는 다지듯 잘게 채 썰고, 배춧잎은 적당히 썰어주세요. 두부는 으깬 뒤 천에 싸서 물기를 꼭 짜주세요.

볼에 소고기완자 재료를 넣고 고루 섞이도록 잘 버무려주세요.

먹기 좋은 크기로 완자를 만든 후 밀가루에 한 번씩 굴려주세요.

육수는 건더기를 걸러내고 생수(300ml)를 더 붓고 3분 동안 중불에서 끓이다가 완자를 넣고 익을 때까지 끓여주세요.

완자가 어느 정도 익었으면 배춧잎과 볶은 소금(½작은술)을 넣고 1분간 끓여주세요.

심방골 주부의 요리 Tip

1. 소고기완자 재료 중 두부는 물기를 꼭 짜서 넣어야 부서지지 않아요.
2. 소고기완자 반죽에 계란을 넣어야 완자가 더욱 탱글탱글하게 완성됩니다.

다진 소고기로 완자를 만들어 끓이면
알 만두를 먹는 것처럼 하나하나 건져먹는 재미가 있지요.
완자는 소고기 대신 돼지고기로 만들어도 좋고,
닭가슴살을 사용하면 다이어트에도 도움이 되는
단백질 풍부한 완자탕이 됩니다.

Part 4

심방골 주부의 맛깔나는 단골 반찬 레시피

나물

무나물

무나물을 국물 있는 찌개처럼 자작하게 만드는 법을 소개할게요.
인삼과 비교할 정도로 몸에 좋은 성분이 많은 가을 무를 씁니다.
나물로 먹어도 좋고 국물과 함께 부드럽게 떠먹어도 좋아요.
들기름을 넣어 더욱 고소하게 즐기는 레시피입니다.

재료 무1kg, 양파 ½개, 대파 1뿌리, 볶은 소금 ½큰술, 들기름 3큰술, 생수 300ml, 다진 마늘 1큰술

무는 너무 가늘지 않게 썰고, 양파와 대파도 알맞게 썰어주세요.

무와 양파는 들기름을 넣고 2분간 볶아주세요.

볶은 소금을 넣고 1분 30초간 더 볶은 뒤 생수를 넣고 5분간 끓여주세요.

대파와 다진 마늘을 넣고 무치듯이 마무리해주세요.

심방골 주부의 요리 Tip

1. 무나물은 들기름을 넉넉히 넣고 충분히 볶아주어야 고소하고 부드러워져요.
2. 볶은 소금을 넣고 볶으면 무에 간이 더 잘 배어 맛있게 완성됩니다.
3. 생수를 넣고 끓일 때는 무가 골고루 섞이도록 중간에 한 번 뒤집어주세요.

나물

고사리나물

정월대보름이나 명절이면 빠질 수 없는 반찬이 고사리나물이에요.
부드럽게 익히되 식감을 살려서 고소하게 완성해보세요.

재료 고사리 300g, 대파 1뿌리

나물양념 들기름 3큰술, 맛술 2큰술, 다진 마늘 2큰술, 양파 ½개, 진간장 3큰술

고사리는 딱딱한 끝부분을 다듬고 길이가 길지 않게 잘라주세요. 대파와 양파도 알맞은 크기로 미리 썰어주세요.

팬에 열이 올라오면 들기름(1큰술)을 두르고 2분간 고사리를 볶다가 맛술을 넣어 2분간 더 볶아주세요.

볶아진 고사리에 들기름(1큰술)을 두르고 다진 마늘, 양파를 넣고 30초간 볶아주세요.

진간장을 넣고 수분이 잦아들 때까지 고루 간이 배이도록 섞어주세요.

대파, 들기름(1스푼)을 넣고 1분간 추가로 볶아서 마무리하세요.

심방골 주부의 요리 Tip

1. 마른 고사리의 경우 쌀뜨물에 5시간 정도 불린 뒤 삶아주세요.
2. 고사리를 볶을 때 물을 약간 넣어주면 고사리가 더 부드러워져요.

나물

비름나물

여름 나물로 대표적인 비름은 건강에 좋은 성분이 가득해요.
비름은 고추장이나 된장으로 무칠 수도 있지만
진간장으로 깔끔하게 맛을 냈어요.
밥 반찬으로도 좋고 비빔밥 재료로 넣어도 맛있어요.

재료 비름나물 300g, 생수 1L, 볶은 소금 1작은술

나물양념 고춧가루 1큰술, 진간장 2큰술, 깨소금 1큰술, 들기름 2큰술

레시피 영상 보기

비름은 줄기 부분을 손질하여 깨끗이 씻어주세요.

냄비에 생수와 볶은 소금을 넣고 끓인 후 비름을 1분 30초간 데쳐주세요.

데친 비름은 빠르게 차가운 물로 헹궈 물기를 빼주세요.

비름을 탈탈 털어 볼에 담고 나물양념 재료 중 진간장, 고춧가루를 먼저 넣고 무쳐주세요.

비름에 간이 배이면 들기름과 깨소금을 넣고 무쳐서 마무리해주세요.

심방골 주부의 요리 Tip

1. 고추장 대신 진간장으로 무치면 비름나물 고유의 맛을 즐길 수 있어요.

무침

맑은 콩나물 무침

고춧가루 없이 깔끔하게 무쳐낸 콩나물 무침이에요.
재료도 과정도 간편해서 반찬이 없을 때,
10분 만에 뚝딱 완성해서 먹는 무침 요리로 딱이에요!

재료 콩나물 300g, 생수 600ml

무침양념1 쪽파 1뿌리, 소금 1작은술, 다진 마늘 2작은술
무침양념2 참기름 1작은술, 깨소금 약간

콩나물은 2~3회 씻은 뒤 생수를 넣고 3분간 데쳐주세요.

데친 콩나물은 바로 차가운 물에 헹군 뒤 물기를 빼주세요.

물기가 빠진 콩나물은 무침양념1 재료를 넣고 무쳐주세요.

양념이 배이면 무침양념2 재료를 넣고 무쳐주세요.

심방골 주부의 요리 Tip

1. 콩나물을 삶을 때는 뚜껑을 덮고 비린내가 점점 사라지기 시작하면 불을 끕니다. 최대한 빠르게 차가운 물로 헹궈야 수분이 증발하지 않아 아삭한 식감을 즐길 수 있어요.
2. 참기름을 많이 넣으면 깔끔한 맛이 사라지니 살짝만 넣어서 무쳐주세요.

무침

도라지 무침

도라지의 쓴맛을 제거하고 갖은 양념을 넣어
새콤하게 무친 도라지에는 건강에 좋은 성분이 가득하지요.
느끼한 명절 음식에도 잘 어울리며 김치 대신 곁들이기 좋은 반찬입니다.

재료 도라지 200g, 생수 400ml, 설탕 2큰술, 소금 ½큰술, 식초 2큰술

무침양념 고추장 1큰술, 고춧가루 1.5큰술, 다진 마늘 ½큰술, 꿀 1큰술, 식초 1.5큰술, 깨소금 약간

도라지는 약간 도톰하게 세로로 갈라주세요.

생수에 설탕, 소금, 식초을 넣고 30분간 도라지를 담가주세요.

쓴맛이 빠진 도라지는 물기를 꼭 짜주세요.

무침양념 재료를 넣고 도라지를 무쳐주세요. 깨소금은 마지막에 올려서 완성합니다.

심방골 주부의 요리 Tip

1. 도라지는 소금에 따로 치대지 않아도 설탕물에 담가두면 쓴맛이 제거됩니다.

무침

풋마늘 오이무침

봄이 제철인 풋마늘을 오이와 함께 무쳐보았어요.
새콤달콤한 맛이 당길 때 고추장 양념으로
간단하게 무쳐서 먹을 수 있는 반찬이에요.

재료 풋마늘 3개, 오이 1개, 양파 ½개

무침양념 식초 2큰술, 꿀 1큰술, 고춧가루 1큰술, 고추장 3큰술, 다진 마늘 1큰술, 통깨 약간

풋마늘은 반을 갈라 썰고, 오이와 양파도 무치기 좋게 썰어주세요.

무침양념 재료를 섞어 미리 양념장을 만들어주세요.

볼에 썰어둔 풋마늘, 오이, 양파를 넣고 양념장을 고루 섞어 무쳐주세요.

심방골 주부의 요리 Tip

1. 풋마늘무침에 사용하는 오이는 절이지 않고 바로 양념에 버무려 아삭한 식감을 살려주어야 맛있어요. 소금에 절이면 수분이 많아져서 깔끔한 무침이 되지 않아요.

무침

시래기 된장무침

시래기에 된장 양념이 제대로 배어들도록
부드럽게 무쳐내는 반찬입니다.
어려워 보여도 누구나 손쉽게 만들 수 있어요!

재료 시래기 한줌 300g, 대파 ½개, 멸치육수 2큰술, 들기름 4큰술, 깨소금 1큰술

무침양념 시판용 된장 1큰술, 다진 마늘 1큰술, 멸치육수 4큰술

시래기는 삶아서 껍질을 벗기고 대파와 함께 알맞게 썰어주세요.

볼에 무침양념 재료를 섞은 뒤 시래기와 함께 무쳐주세요.

양념에 무친 시래기는 들기름과 대파를 넣고 다시 무쳐주세요.

프라이팬에 시래기를 넣고 멸치육수(2큰술)를 넣은 뒤 중불에서 5분간 볶아주세요.

시래기에 깨소금을 뿌린 뒤 30초간 볶아서 마무리하세요.

심방골 주부의 요리 Tip

1. 시래기된장무침을 할 때는 프라이팬에 살짝 볶아주어야 시래기 속에 된장양념 맛이 잘 배어들고 식감이 더욱 부드러워져요.

무침

돌나물무침

돌나물과 초고추장만 있으면 뚝딱 완성되는 초간단 무침입니다.
재료의 신선함을 그대로 살려 건강하게 즐길 수 있지요.
돌나물은 입맛이 없을 때 상큼하게 식욕을 돋궈주는 봄나물이에요.

재료 돌나물 3줌, 통깨 약간

무침양념 고추장 1.5큰술, 식초 1큰술, 꿀 1큰술, 사이다 1큰술

돌나물은 흐르는 물에 씻어 물기를 뺀 뒤 통깨를 뿌려 접시에 담아주세요.

볼에 무침양념 재료를 섞어 양념장을 만들어 주세요.

돌나물 위에 양념장을 고루 뿌려 마무리하세요.

심방골 주부의 요리 Tip

1. 기호에 따라 양념장을 좀 더 추가해서 곁들여도 좋아요.

무침

도토리묵무침

레시피 영상 보기

도토리묵에 막걸리 한 잔은 별미 중 별미지요.
집에서 맛있게 무쳐서 가족들과 푸짐하게 즐겨보세요.
여름철 시원한 밥 반찬으로도 훌륭한 메뉴가 될 거예요.

재료 도토리묵 800g, 오이 1개, 양파 ½개, 쪽파 5뿌리, 상추 3줌, 깨소금 1큰술

무침양념 진간장 3큰술, 다진 마늘 1큰술, 생강청 1큰술, 고춧가루 3큰술, 꿀 1큰술

오이, 쪽파, 양파, 상추는 취향에 맞게 알맞은 크기로 썰고, 도토리묵은 칼에 물을 묻혀 깔끔하게 썰어주세요.

볼에 무침양념 재료를 섞어 양념장을 만들어 주세요.

썰어둔 오이, 쪽파, 양파를 양념장과 버무려 주세요.

재료에 양념이 배이면 상추를 넣고 살살 무쳐 주세요.

마지막으로 도토리묵을 넣고 양념에 무친 뒤 깨소금을 넣어 마무리해주세요.

심방골 주부의 요리 Tip

1. 도토리묵침에는 기름이 들어가지 않아요. 기름을 넣으면 야채의 숨이 금방 죽고 묵의 산뜻한 맛이 사라져 느끼해질 수 있어요.
2. 상추는 숨이 금방 죽기 때문에 살살 섞는 느낌으로 무쳐주어야 해요.

무침

골뱅이무침

레시피 영상 보기

치열한 일상을 보내고 돌아와 헛헛한 마음을 달래고 싶은 저녁,
각종 야채와 함께 새콤달콤 버무린 골뱅이무침에 맥주 한 잔 어떨까요?
취향에 따라 소면까지 얹으면 완벽한 술안주가 완성되지요.

재료 골뱅이 1캔, 오이 ½개, 당근 ¼개, 양배추 ¼개, 대파 흰 부분 1뿌리, 양파 ½개, 깻잎 약간

무침양념 고추장 1큰술, 고춧가루 1.5큰술, 와사비 ½큰술, 식초 3큰술, 꿀 1큰술,
다진 마늘 1큰술, 생강청 1큰술, 통깨 약간

오이, 양파, 당근, 양배추, 깻잎은 알맞은 크기로 썰고 대파는 얇게 채썰어주세요.

골뱅이는 체에 받쳐 꺼내서 큼직한 크기로 썰어주세요.

볼에 무침양념 재료를 넣고 섞어 양념장을 만들어주세요.

오이, 양파, 당근, 양배추를 먼저 양념장에 무쳐주세요.

깻잎과 골뱅이를 마지막에 넣고 함께 무쳐서 마무리해주세요.

무침

꼬막무침

겨울철 별미인 꼬막으로 무침을 만들어보았어요.
꼬막을 깨끗하게 삶는 법과 쉽게 까는 노하우까지도 소개합니다.
매콤 새콤한 비법 양념장에 무쳐서 완성해보아요.

재료 꼬막 1kg, 청양고추 2개, 홍고추 1개, 쪽파 3뿌리, 부추 ½줌, 굵은소금 2큰술, 쇠숟가락

무침양념 고춧가루 2큰술, 진간장 2큰술, 다진 마늘 1큰술, 생강청 1큰술, 참기름 1큰술, 맛술 1큰술, 식초 2큰술, 꿀 ½큰술, 통깨 약간

꼬막은 굵은소금과 쇠숟가락을 넣은 물에 30분간 해감시키고, 흐르는 물에 세 번 정도 씻어주세요.

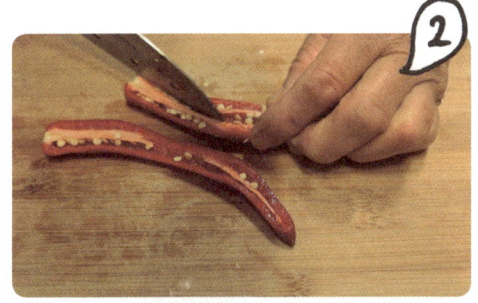

부추와 쪽파는 알맞은 크기로 썰고, 홍고추와 청양고추도 씨를 발라낸 후 썰어주세요.

냄비에 청양고추(1개)를 넣고 꼬막이 잠길 만큼 물을 부어 센 불에서 끓어오르면 5분간 더 삶아주세요.

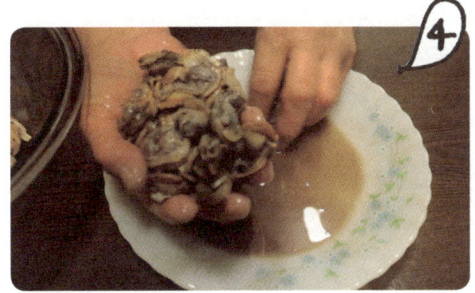

꼬막은 씻지 않고 체에 받쳐 식힌 뒤 까서 물기를 살짝만 짜주세요.

볼에 무침양념 재료를 넣고 섞어 양념장을 만들어주세요.

볼에 꼬막, 청양고추, 홍고추, 부추, 쪽파, 양념장을 넣고 골고루 무쳐주세요.

통깨를 넣고 참기름을 둘러 마무리하세요.

심방골 주부의 요리 Tip

1. 꼬막을 삶을 때는 수저로 한쪽 방향으로 저어주세요. 꼬막의 살이 한쪽 방향으로 쏠려 양쪽에 붙어 있지 않아 깔 때 쉽고, 모양도 예쁘게 나온답니다.
2. 꼬막을 깔 때는 뒷꼭지에 숟가락을 넣고 살짝 돌리면 뚜껑이 쉽게 열려요.

꼬막은 사계절 즐길 수 있지만 제철에 더욱 깊은 맛을 냅니다.
제철에 맞게 나오는 식재료들은 맛이 좋을 뿐만 아니라 건강에도
좋은 성분을 풍부하게 담고 있어요. 꼬막무침을 할 때는 바다의 맛을 느끼기
위해 삶은 뒤 따로 헹구지 않고 양념을 해주세요. 대신 꼬막 삶는 방법을
잘 기억해두세요. 예쁘게 잘 까면 먹기에도 좋고 보기에도 좋아서
손님상에 올려도 좋고, 술안주로도 훌륭한
한 접시가 될 거예요.

조림

두부조림

레시피 영상 보기

두부조림에 딱 어울리는 새우젓을 넣어 양념장을 만들었어요.
맛도 좋고 단백질도 풍부한 반찬으로 두부조림을 추천합니다.
무엇보다 레시피도 간단해서 누구나 도전해볼 수 있어요.

재료 큰 두부 1모(520g), 양파 1개, 대파 1뿌리, 생수 300ml

조림양념 진간장 1큰술, 고추장 1큰술, 새우젓 1큰술, 고춧가루 1큰술, 다진 마늘 1큰술,
들기름 1큰술, 꿀 1큰술

양파와 대파, 두부는 알맞은 크기로 썰어주세요.

볼에 조림양념 재료를 넣고 섞어 양념장을 만들어주세요.

얕은 냄비에 식용유를 두르고 두부를 앞뒤로 뒤집어 각 1분씩 중불에서 부쳐주세요.

부친 두부를 깔고 양파와 대파로 덮은 뒤 양념장을 올리고 생수를 부어 8분간 조려주세요.

윗부분에도 양념이 잘 배이도록 국물을 골고루 끼얹어가며 조려주세요.

심방골 주부의 요리 Tip

1. 두부조림양념에 새우젓을 넣으면 감칠맛을 끌어올릴 수 있어요.
2. 두부를 살짝 부쳐서 조림을 해주면 부서지지 않고 깔끔한 두부조림이 됩니다.
3. 양념을 조리는 시간은 취향에 따라 결정해도 됩니다.

조림

전복장

전복은 진시황제가 불로장생을 위해서
먹었다는 음식 중 하나로도 유명한데요.
전복의 쫄깃한 식감을 살려 달큰하면서 짭조름한
전복장을 만들어두면 고단백 반찬이 완성됩니다.

재료 전복 6개, 꿀 ½작은술, 참기름 약간

맛간장 양파 ½개, 청양고추 2개, 마늘 7톨, 대파 자투리, 진간장 6큰술(전복 개당 1큰술 비율), 생수 300ml, 생강청 건더기 1큰술

냄비에 맛간장 재료를 모두 넣고 끓이다가 약불로 줄인 후 30분간 더 끓여주세요.

전복은 솔로 씻어 껍질과 분리해주고, 내장과 입은 칼로 제거해주세요.

손질된 전복은 칼집을 내고, 껍질은 위생을 위해 끓는 물에 따로 삶아 건져주세요.

건더기를 걸러낸 맛간장에 전복을 넣고 중불에서 끼얹어가며 자작해질 때까지 10분간 조려주세요.

전복장이 자작하게 조려지면 꿀과 참기름을 넣고 조금 더 조려서 마무리하세요.

심방골 주부의 요리 Tip

1. 여러 가지 야채를 우린 물로 맛간장을 만들어 조리면 전복의 비린내가 제거되고, 풍미가 살아나요.

조림

갈치무조림

갈치의 비린내는 제거하면서 궁극의 감칠맛을 낼 수 있는
갈치무조림의 간단한 팁을 소개합니다.
8월부터 제철인 갈치를 시원한 무와 함께 조려
칼칼한 조림 반찬으로 만들어보세요.

재료 갈치 2마리, 무 1토막(400g), 대파 1뿌리, 청양고추 3개, 양파 ½개

육수 무 1토막(400g), 다시마 1쪽, 생수 300ml
조림양념 양파 ½개, 고추장 1큰술, 고춧가루 2큰술, 생강청 건더기 1큰술, 다진 마늘 1큰술,
맛술 2큰술, 볶은 소금 1작은술, 꿀 1큰술

갈치는 비린내의 주범인 비늘을 칼로 제거해 물로 깨끗이 씻어 손질해주세요.

무, 양파, 대파, 청양고추를 적당히 채썰어주세요.

냄비에 육수 재료를 넣고 센 불에서 끓이다가 중불로 줄여 10분간 더 끓여주세요.

조림양념 재료 중 양파는 강판에 간 뒤 나머지와 모두 섞어 양념장을 만들어주세요.

육수의 다시마는 건져내고 무 위에 갈치를 올린 뒤 양념장을 그 위에 골고루 뿌려주세요.

양념장 위에 썰어둔 양파와 청양고추를 올리고 뚜껑을 덮은 뒤 중불에서 조려주세요.

국물이 자작해지고 갈치가 익으면 대파와 홍고추를 뿌린 후 양념이 잘 배이도록 국물을 끼얹으며 조려주세요.

심방골 주부의 요리 Tip

1. 처음부터 무와 갈치를 같이 넣고 끓이면 무가 익는 데 오래 걸리기 때문에 갈치가 흐물거릴 수 있어요.
2. 조림양념에 생강청과 맛술, 고추장을 넣으면 갈치의 비린내를 제거하고 감칠맛이 나게 해줍니다. 생강청이 없을 경우 다진 생강이나 생강가루를 넣어도 돼요.
3. 갈치조림은 간장을 넣지 않고 소금으로 간을 하면 맛도 깔끔해지고, 검은 빛이 돌지 않아 더욱 맛깔스럽게 완성돼요.

갈치는 살점이 보드랍고 특유의 고소한 맛이 있지요. 그래서 갈치를 재료로 하여 만든 요리는 다른 생선 요리에 비해 더 많은 사랑을 받아요. 갈치의 식감과 고유한 맛의 매력을 아는 분이라면 아마도 훌륭한 미각을 보유하고 있을 거예요. 레시피 그대로 갈치의 비린내를 제거하고 깔끔하게 요리해보면 어떨까요?

조림

우렁쌈장

특별한 반찬 없이도 간편하게 밥 한 공기 뚝딱 해치울 수 있는
우렁쌈장 레시피를 소개합니다.
호박잎이나 상추쌈에 곁들여도 훌륭한 한끼가 되지요.
심방골 주부가 아끼는 여름철 비법 양념이기도 합니다.

재료 우렁 80g, 된장 2큰술, 고추장 1큰술, 대파 1뿌리, 양파 ¼개, 청양고추 2개, 애호박 ¼개,
두부 ¼모, 다진 마늘 ½큰술, 멸치가루 2큰술, 들기름 1큰술, 꿀 1큰술, 생수 100ml

1. 양파, 대파, 청양고추, 애호박은 잘게 썰어 다져주세요.

2. 두부는 으깨어주고, 우렁도 너무 자잘하지 않게 썰어주세요.

3. 뚝배기에 들기름을 두르고 애호박과 양파를 넣고 1분간 볶아주세요.

4. 청양고추, 대파, 다진 마늘, 된장, 고추장을 넣고 추가로 1분간 볶아주세요. 양념들이 골고루 볶아졌으면 두부, 멸치가루, 꿀을 넣고 30초간 볶아주세요.

5. 마무리로 우렁과 생수를 넣어 보글보글 끓이며 조려주세요.

심방골 주부의 요리 Tip

1. 장을 만들 때는 청양고추가 넉넉히 들어가도 많이 맵지 않아요. 적당량을 다져서 넣어주면 칼칼하니 한층 더 깔끔한 맛을 내줍니다.
2. 우렁을 먼저 넣고 볶으면 질겨지기 때문에 마무리 할 때쯤 넣고 조려주어야 해요.

볶음

간장오뎅볶음

아이들이 좋아하는 반찬 단짠단짠 간장오뎅볶음이에요.
고추장 대신 간장으로 양념하여 맵지 않고
누구나 간단하게 만들 수 있어서
요리 초보자에게도 추천하는 메뉴예요.

재료 어묵 4장(1봉지), 쪽파 1줌, 양파 1개, 당근 ½개, 마늘 ½줌, 생수 500ml, 진간장 3큰술,
들기름 2큰술, 꿀 1큰술, 통깨 약간

레시피
영상 보기

양파와 당근, 쪽파는 알맞은 크기로 썰고, 마늘은 편으로 썰어주세요.

어묵은 알맞은 크기로 썰어 체에 받친 뒤 끓인 생수로 헹궈 불순물을 제거해주세요.

팬에 들기름을 두른 뒤, 마늘, 당근, 양파 순으로 각각 30초씩 볶다가 오뎅을 넣어 1분 동안 중불에서 볶아주세요.

진간장을 넣고 고루 섞이도록 볶다가 생수(3큰술)을 넣고 촉촉하게 볶아주세요.

꿀과 쪽파, 통깨를 넣고 30초~1분간 볶아주세요.

심방골 주부의 요리 Tip

1. 오뎅을 볶을 때 약간의 물을 뿌려주면 오뎅끼리 눌러붙지 않고, 오뎅이 퍽퍽해지는 것을 막아줘 촉촉하게 볶아져요.

볶음

꽈리고추 오뎅볶음

꽈리고추오뎅볶음은 간편한 오뎅볶음의 응용편으로
꽈리고추와 느타리버섯의 향이 듬뿍 배여 있어요.
약간 칼칼한 맛이 오뎅의 느끼함을 잡아줍니다.

레시피
영상 보기

재료 어묵 4장(1봉지), 꽈리고추 120g, 느타리버섯 100g, 양파 ½개, 마늘 6톨, 생수 500ml,
진간장 3큰술, 들기름 4큰술, 고춧가루 1큰술, 꿀 1큰술, 통깨 약간

꽈리고추와 양파는 알맞은 크기로 썰고, 마늘은 편으로 썰어주세요. 느타리버섯은 끝부분을 잘라 떼어주세요.

어묵은 알맞은 크기로 썰어 체에 받친 뒤 끓인 생수로 헹궈 불순물을 제거해주세요.

팬에 들기름을 두른 뒤, 마늘을 30초간 볶다가 오뎅과 양파를 넣고 중불에서 1분간 볶아주세요.

꽈리고추와 느타리버섯을 넣고 1분간 더 볶아주세요. 들기름은 부족할 때마다 1큰술씩 총 3큰술을 추가로 넣으면서 볶아주세요.

진간장을 넣고 30초, 고춧가루를 넣고 1분 30초간 더 볶아주세요. 마무리로 꿀을 넣어 30초간 볶은 뒤 통깨를 뿌려주세요.

심방골 주부의 요리 Tip

1. 오뎅을 볶기 전에 마늘을 먼저 볶아 향을 내주면 비린 맛을 잡을 수 있어요.
2. 고추장이 들어가면 약간 텁텁한 대신 고춧가루를 넣어 깔끔하게 완성했어요.

볶음

꽈리고추 멸치볶음

레시피 영상 보기

재료를 하나하나 볶아서 멸치의 비린 맛을 제거하고
짭조름하게 간을 해서 꽈리고추멸치볶음을 만들어보세요.
꿀을 넣고 볶아 반질반질 맛깔스럽게 완성했어요.

재료 꽈리고추 200g, 멸치 100g, 마늘 1줌, 진간장 3큰술, 고춧가루 ½큰술, 들기름 3큰술,
맛술 1큰술, 꿀 2큰술, 통깨 약간

꽈리고추는 반으로 썰고, 마늘은 편으로 썰어주세요. 멸치는 머리와 내장을 손질해주세요.

팬에 들기름을 두르고 1분간 마늘을 볶다가 꽈리고추를 넣어 30초간 더 볶아주세요.

진간장을 넣고 1분간 볶다가 멸치와 맛술을 넣고 2분간 볶아주세요.

꿀과 고춧가루를 넣고 1분 더 볶다가 통깨를 뿌려 마무리해주세요.

심방골 주부의 요리 Tip
1. 먼저 마늘을 볶아 향을 내주면 멸치의 비린 맛을 잡을 수 있어요.
2. 멸치 자체에 짭조름한 맛이 있기 때문에 꽈리고추를 진간장에 먼저 볶아 간이 배이게 한 뒤 멸치를 넣고 볶아주는 게 적당한 간의 비결이에요.

볶음

소시지 야채볶음

레시피 영상 보기

굴소스와 케첩 그리고 냉장고에 있는 야채들을 한데 볶아
맛있는 소시지야채볶음을 만들 수 있어요.
어른 아이 할 것 없이 모두 좋아하는 레시피입니다.

재료 비엔나소세지 250g 1팩, 피망 1개, 양파 ½개, 당근 ½개, 굴소스 1큰술, 케첩 2큰술,
들기름 2큰술, 꿀 1큰술

소시지는 취향에 맞게 칼집을 내고 피망, 양파, 당근은 알맞은 크기로 썰어주세요.

소시지는 체에 받친 후 끓인 물을 부어 불순물을 제거해주세요.

팬에 들기름을 두른 뒤 양파와 당근을 1분간 볶다가 소시지를 넣고 중불에서 3분 동안 볶아주세요.

소시지의 칼집 낸 부위가 벌어지고 약간 노릇해지면 피망과 대파를 넣고 1분간 볶고, 케첩과 굴소스를 넣어주세요.

꿀이나 올리고당을 넣어 30초간 더 볶아서 마무리하세요.

심방골 주부의 요리 Tip

1. 처음부터 재료들을 한꺼번에 넣지 말고, 따로따로 볶다가 마지막에 케첩과 굴소스를 넣어서 볶으면 재료 본연의 맛을 느낄 수 있어요.

볶음

마늘 제육볶음

국민 반찬 제육볶음만 있으면 밥 한끼는 뚝딱이지요.
통마늘로 풍미를 살린 마늘제육볶음을 만들어보세요.

재료 불고기용 돼지고기 600g, 대파 1뿌리, 통마늘 150g, 다진 마늘 1.5큰술, 식용유(참기름) 1.5큰술, 꿀 1큰술

볶음양념 간 양파 ½개, 고추장 1.5큰술, 고춧가루 1.5큰술, 진간장 2큰술, 맛술 2큰술, 후추 약간

대파는 알맞은 크기로 썰고, 양파는 갈아주세요.

볶음양념 재료를 섞어 양념장을 만들어 돼지고기를 10분간 재워주세요.

팬에 기름을 두르고 다진 마늘을 30초간 볶아 마늘 기름을 내주세요.

양념된 돼지고기를 넣고 2분간 볶다가 통마늘을 넣고 고기가 거의 익을 때까지 볶아주세요.

꿀과 대파를 넣고 30초간 더 볶아서 마무리하세요.

심방골 주부의 요리 Tip

1. 마늘 기름은 돼지고기의 잡내와 느끼함을 잡아주어요.
2. 불의 세기는 일정한 세기를 유지하기보다 고기가 타지 않게 조절해가면서 볶아주는 것이 좋아요.

볶음

새송이 버섯볶음

심방골에서는 명절 때면 새송이버섯볶음을 만들곤 하는데요.
전이나 고기 요리 대신 새송이버섯으로도
간편하게 명절 기분을 낼 수 있는 볶음 반찬이에요.

재료 새송이버섯 1봉지, 당근 ⅓개, 양파 ½개, 파프리카 ½개, 청양고추 1개, 마늘 8톨, 대파 1뿌리, 볶은 소금 2작은술, 들기름 3큰술, 후추 약간, 통깨 약간

새송이버섯, 양파, 당근, 대파는 알맞은 크기로, 마늘은 편으로 썰어주세요. 청양고추와 파프리카는 반을 갈라 씨를 제거하고 썰어줍니다.

팬에 들기름을 두르고 마늘을 넣어 30초간 볶아주세요.

당근과 양파를 넣고 1분간 볶다가 새송이버섯을 넣고 들기름을 좀 더 두른 뒤 2분간 볶아주세요.

청양고추, 파프리카, 후추, 볶은 소금을 추가하여 3분간 센 불에 빠르게 볶아주세요.

재료가 익으면 대파를 넣고 볶아서 마무리해주세요.

심방골 주부의 요리 Tip

1. 새송이버섯을 먼저 볶으면 수분이 금방 빠지기 때문에 당근, 양파, 버섯 순서로 볶아 부드러운 식감을 유지해주세요.
2. 재료를 1차로 볶다가 마무리할 때 센 불로 올려 빠르게 볶으면 수분이 적당히 날아가서 물이 생기지 않고 깔끔하게 완성됩니다.

볶음

브로콜리 소고기볶음

레시피 영상 보기

영양만점 브로콜리와 소고기를 이용한 간단한 볶음요리입니다.
굴소스로 달큰하게 맛을 낸 맛있는 브로콜리소고기볶음은
30분이 채 안 걸리는 간단한 요리인 만큼 저녁 반찬으로 제격이지요.

재료 소고기(양지머리) 300g, 브로콜리 1개, 애송이버섯 10개, 양파 ½개, 파프리카 2개,
굴소스 2큰술, 볶은 소금 1작은술, 다진 마늘 1큰술, 들기름 1큰술

밑간양념 생강청(또는 맛술) 1큰술, 후추 약간

소고기는 밑간양념 재료를 넣고 섞어 10분간 재워주세요.

브로콜리, 애송이버섯, 파프리카, 양파는 적당히 썰어주세요.

팬에 들기름을 두른 뒤, 소고기와 양파를 넣고 고기가 거의 익을 때까지 볶아주세요.

애송이버섯, 파프리카, 브로콜리와 다진 마늘을 넣어 2분간 더 볶아주세요.

굴소스로 기본 간을 하고 볶은 소금으로 모자란 간을 맞춘 후 30초간 볶다가 통깨를 뿌려 마무리하세요.

심방골 주부의 요리 Tip

1. 소고기는 어느 부위여도 괜찮지만 양지머리를 쓰면 가장 맛이 좋아요.

볶음

진미채볶음

고추장, 생강청, 꿀로 양념을 하고 참기름을 넣어
고소한 맛까지 잡은 진미채볶음이에요.
간단하게 만들어 먹을 수 있는 기본 반찬으로 최고지요.

재료 진미채 200g, 참기름 ½큰술, 통깨 약간

볶음양념 고추장 1.5큰술, 생강청 1큰술, 꿀 1큰술, 생수 2큰술

길이가 긴 진미채는 가위로 자른 뒤 손으로 털어 부스러기는 버려주세요.

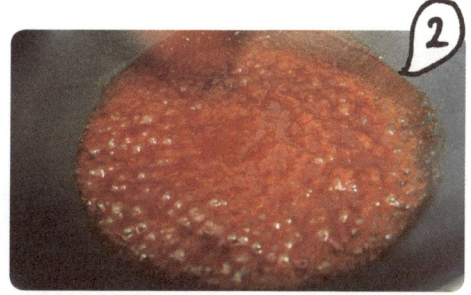

팬에 볶음양념 재료를 섞은 뒤 끓여주세요.

양념이 끓으면 불을 끄고 진미채를 넣어 빠르게 양념을 입혀주세요.

참기름을 넣고 골고루 섞은 후 통깨를 뿌려 마무리하세요.

심방골 주부의 요리 Tip

1. 진미채볶음에 간장을 넣으면 더 짜고, 고춧가루가 들어가면 맛이 텁텁해져요.

볶음

고추장 멸치볶음

10분이면 누구나 완성할 수 있는 멸치볶음 레시피예요.
고추장으로 볶은 보들보들한 멸치볶음은
심방골 주부 구독자들에게 최고로 사랑받는 밥 반찬 중 하나입니다.

재료 중멸치 150g, 꿀 1큰술, 통깨 약간

볶음양념 고추장 2.5큰술, 맛술 2큰술, 생강청 1큰술, 물엿 2큰술

멸치의 내장과 머리는 분리해서 손질해주세요.

팬에 볶음양념 재료를 섞은 후 센 불로 끓여주세요.

양념장이 끓으면 약불로 줄인 뒤 멸치를 넣고 30초간 양념이 배이게 볶아주세요.

불을 끈 뒤 꿀과 함께 버무린 후 통깨를 뿌려주세요.

심방골 주부의 요리 Tip

1. 처음부터 멸치를 기름에 볶으면 멸치가 딱딱하고 맛이 없어져요. 양념이 끓을 때 같이 넣고 살짝 볶아주세요.
2. 고추장멸치볶음의 경우 잔멸치보다는 중멸치로 해야 맛이 더 좋아요.

볶음

표고버섯볶음

신선한 표고버섯은 어떻게 먹어도 맛있는 재료입니다.
들기름에 볶아낸 야채를 향이 진한 표고버섯과 볶아내면
담백하고 고소함이 묻어나는 표고버섯볶음이 완성되지요.

볶음양념 생표고버섯 150g, 양파 ½개, 당근 ¼개, 볶은 소금 2작은술, 다진 마늘 1큰술, 들기름 4큰술

표고버섯은 밑둥을 제거하고 흐르는 물에 씻고, 양파, 당근과 함께 알맞은 크기로 썰어주세요.

팬에 들기름을 두른 뒤 당근은 1분, 양파는 30초간 볶아주세요.

들기름은 부족할 때마다 1큰술씩 추가하여 총 4큰술을 사용하여 볶아주세요.

표고버섯을 넣고 약불로 2분간 볶다가 부드러워지면 볶은 소금, 다진 마늘을 넣고 중불로 2분간 빠르게 볶아서 마무리하세요.

심방골 주부의 요리 Tip

1. 표고버섯을 씻을 때 물에 담가서 씻으면 수분을 흡수하여 볶을 때 물이 많이 생겨요. 꼭 흐르는 물에 빠르게 씻어주세요.

볶음

삼겹살 숙주볶음

레시피 영상 보기

냉동 삼겹살로 느끼하지 않고 담백한 맛의
삼겹살숙주볶음을 만들었어요.
고기 생각이 날 때 뚝딱 만들어보세요.
최고급 반찬으로 온가족이 함께 즐길 수 있을 거예요.

재료 냉동 삼겹살 300g, 숙주 300g, 부추 1줌, 대파 1뿌리, 다진 마늘 2큰술, 양파 ½개,
청양고추 2개, 꿀 1.5큰술(또는 설탕 2큰술), 후추 약간

볶음양념 진간장 2큰술, 굴소스 1큰술, 생강청 1.5큰술(또는 맛술 2큰술)

숙주는 흐르는 물에 씻어 체에 받쳐 놓고, 양파, 대파, 청양고추, 부추는 알맞은 크기로 썰어주세요.

팬에 냉동 삼겹살, 다진 마늘, 양파를 넣고 1분간 중불에서 볶아주세요.

볶음양념 재료를 넣고 고루 섞으면서 볶다가 삼겹살이 반쯤 익으면 청양고추와 꿀을 넣고 국물이 자작해질 때까지 볶아주세요.

숙주를 넣고 삼겹살과 고루 섞이도록 볶아주세요.

부추를 넣고 약 1분간 추가로 볶아서 마무리 해주세요.

심방골 주부의 요리 Tip

1. 삼겹살에서 충분한 기름이 나오기 때문에 볶을 때 기름을 추가하면 자칫 느끼해질 수 있어요.
2. 숙주는 물기가 자작할 때쯤 넣어야 깔끔하게 완성돼요.

볶음

오징어볶음

레시피
영상 보기

오징어의 비린내를 잡아줄 깔끔한 양념장으로
매콤달콤한 오징어볶음을 만들어보았어요.
아이들이 좋아하는 영양 가득한 반찬으로도 좋고
간단한 술안주로도 부족함 없는 메뉴입니다.

재료 오징어 2마리, 대파 1뿌리, 양배추 ¼개, 양파 1개, 당근 ⅓개, 청양고추 1개, 꿀 1큰술,
들기름 1큰술, 통깨 약간

볶음양념 맛술 1큰술, 진간장 2큰술, 생강청 1큰술, 고추장 1.5큰술, 다진 마늘 1큰술, 고춧가루 2큰술

양파, 당근, 대파, 양배추, 청양고추는 먹기 좋은 크기로 썰어주세요.

오징어는 흐르는 물에 씻은 후 몸통을 반으로 갈라 썰고 다리도 알맞은 크기로 썰어주세요.

볼에 볶음양념 재료를 넣고 섞어 양념장을 만들어주세요.

팬에 들기름을 두른 뒤, 당근과 양파를 넣고 1분간 먼저 볶아주세요.

오징어와 양배추, 양념장을 함께 넣어 센 불에서 수분이 증발하도록 3분간 빠르게 볶아주세요.

꿀, 대파, 청양고추를 넣어서 1분간 더 볶아주세요.

심방골 주부의 요리 Tip

1. 오징어는 물이 많이 나오지는 않으므로 소금 대신 진간장을 사용하면 양념이 훨씬 맛있어요.
2. 당근는 단단하기 때문에 오징어보다 먼저 볶는 게 좋아요. 단, 양파의 아삭한 식감을 좋아한다면 오징어와 같이 넣고 볶아도 됩니다.
3. 오징어는 오랫동안 볶으면 질겨지기 때문에 센 불에서 빠르게 볶는 것이 좋아요.

오징어는 참 훌륭한 식재료인 것 같아요.
회, 구이, 찜, 볶음 등 수많은 요리로 변신이 가능하니까요.
쫄깃하고 탱탱한 오징어를 매콤하게 볶아서 내면
반찬으로도 좋고, 밥 위에 올려서 슥슥 비비면 한끼는
뚝딱 해결되지요. 피로회복에도 좋은 오징어 요리는
건강을 위해서도 자주 만들어 즐기면 참 좋겠지요?

간단 반찬

계란말이

계란말이는 재료는 간단하지만 만듦새를 신경써야 해요.
맛은 물론 예쁘게 잘 마는 법까지 알려주는
심방골 주부의 레시피로 도전해보세요.

레시피 영상 보기

재료 계란 4개, 대파 1뿌리, 양파 ½개, 당근 ½개, 청양고추 1개(기호에 따라), 쌀뜨물 50ml, 볶은 소금 1작은술, 후추 약간

양파와 당근은 잘게 썰고, 대파는 반을 갈라 얇게 채 썰어주세요. 계란은 쌀뜨물과 같이 풀어서 식은 후 체에 받쳐 알끈을 제거해주세요.

모든 재료를 볼에 넣어 뭉치지 않도록 섞어주세요.

팬에 기름을 두른 뒤 계란물을 ½ 정도만 부어 약불에서 부친 뒤 팬 한쪽 끝까지 말아주세요.

팬의 빈 공간에 계란물을 더 부은 후 계속 말아주세요.

마지막 계란물까지 팬에 부쳐 두툼하게 말아 썰어주세요.

심방골 주부의 요리 Tip

1. 계란말이는 일반 생수로 하는 것보다 쌀뜨물을 베이스로 사용하면 더 부드럽고 맛있어요.
2. 계란을 풀 때 한쪽 방향으로만 풀어주면 훨씬 부드러운 식감으로 완성돼요.
3. 계란말이는 마지막까지 약불로 서서히 익히면서 말아주는 것이 핵심이에요.

간단반찬

계란찜

계란찜은 누구나 할 수 있는 간단한 요리지만
요령이 없으면 바닥이 타면서 눌어붙기 쉬워요.
탄 맛이 나지 않는 완벽한 계란찜을 만들 수 있는
간단하지만 중요한 팁을 소개합니다.

재료 계란 2개, 쌀뜨물 100ml, 새우젓 1큰술, 당근 ⅓개, 양파 ¼개, 청양고추 1개, 대파 1뿌리

양파와 당근은 가늘게 채썰고 대파는 적당히 썰어주세요. 청양고추는 취향에 따라 다져서 추가해주세요.

계란을 푼 물에 새우젓과 미리 썰어둔 재료들을 넣고 섞어주세요.

쌀뜨물(3큰술)을 추가로 넣은 뒤 함께 섞어주세요.

뚝배기에 남은 쌀뜨물을 전부 붓고 끓으면 준비한 계란 푼 물을 넣고 저어주세요.

뚝배기가 점점 끓어오르면 뚜껑을 덮고 불의 세기에 따라 1~2분간 조절하여 찜을 완성하세요.

심방골 주부의 요리 Tip
1. 쌀뜨물을 끓이다가 계란 푼 물을 부어 저어주기 때문에 바닥이 눌지 않고 깔끔하고 부드러운 계란찜을 만들 수 있어요.

Part 5

심방골 주부의
입맛 사로잡는 장아찌
레시피

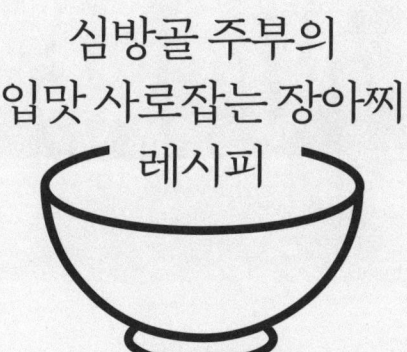

장아찌

고추장아찌

레시피 영상 보기

짜지 않고 맛깔스러운 고추장아찌는
한 번 담가두면 끼니 때마다 생각나는 단골 반찬이 되지요.
고기와 궁합도 잘 맞아서 손이 자주 가는 장아찌입니다.

재료 청양고추 600g, 오이고추 600g, 청양고추 1줌

간장 물 양조간장 450ml, 정종 450ml, 생수 450ml, 멸치액젓 450ml(모두 같은 비율), 식초 400ml, 설탕 400ml

고추는 깨끗이 씻어 꼭지를 다듬고 이쑤시개를 사용하여 끝부분을 찔러준 후 장아찌 담을 용기에 차곡차곡 채워주세요.

간장 물 재료를 모두 같은 비율로 넣고 섞어주세요. 설탕과 식초는 취향에 따라 용량을 조절해도 좋아요.

간장 물에 설탕이 모두 녹으면 고추가 담긴 용기에 그대로 부어주세요.

뚜껑을 덮은 뒤 생수병으로 눌러준 뒤 실온에서 1일, 냉장 보관하여 30일간 숙성시켜주세요.

심방골 주부의 요리 Tip

1. 칼칼한 국물의 고추장아찌를 만들 땐 청양고추를 약간 추가하되 매운 물이 잘 우러나도록 이쑤시개가 아닌 포크로 고추 가운데를 크게 찔러주세요. 이때 다른 고추와 구분하기 위해 청양고추의 꼭지는 자르지 않습니다.
2. 간장을 끓여서 넣지 마세요.

양파장아찌

양파를 간장 물로 담근 후 양념 재료로 다시 무쳐서
매콤 새콤한 맛으로 즐길 수 있는 양파장아찌예요.
오이 피클과 달리 장기간 즐길 수 있는 전통 장아찌입니다.

재료 양파 1망(3.5kg), 설탕 400g, 천일염 10g

간장 물 진간장 400ml, 식초 5큰술
무침양념 고춧가루 1큰술, 깨소금 약간, 들기름 약간, 쪽파 약간

깨끗이 씻은 양파는 밑둥을 제거할 필요 없이 알맞은 크기로 썰어주세요.

통에 양파를 켜켜이 담고 중간마다 설탕을 뿌려주세요. 맨 위에는 천일염과 남은 설탕을 뿌리고 밀폐하여 2일간 실온 보관 후 8일간 냉장 보관해주세요.

열흘 후 절인 양파는 체에 받쳐 물기를 뺀 후 통에 다시 담아주세요.

간장 물 재료를 섞어 양파가 잠길 만큼 골고루 뿌려주고 밀폐하여 20일간 냉장 보관해주세요.

양파장아찌를 먹을 만큼 건져서 볼에 담고 무침양념 재료를 고루 섞어주세요.

심방골 주부의 요리 Tip

1. 양파 중간중간에 설탕을 뿌려주면 수분이 빠져나오면서 양파가 알맞게 절여집니다.
2. 양파를 설탕과 천일염으로 절인 물을 병에 담아 6개월간 냉장 보관한 뒤, 조림이나 각종 반찬을 할 때 넣어서 활용하면 좋아요.

된장깻잎 장아찌

된장깻잎장아찌는 한 번 담가두면 1년 동안 먹을 수 있어요.
깻잎의 은은한 향과 구수한 된장이 만나 입맛을 돋워줍니다.

재료 깻잎 6쪽(120장), 생수 300ml

된장양념 된장 10큰술, 진간장 200ml, 생수 200ml
무침양념 양파 1개, 쪽파 2줌, 고춧가루 1큰술, 들기름 3큰술, 생수 100ml

깻잎은 여러 번 깨끗이 씻어 한 장씩 포갠 후 끝부분 꼭지를 잘라주세요.

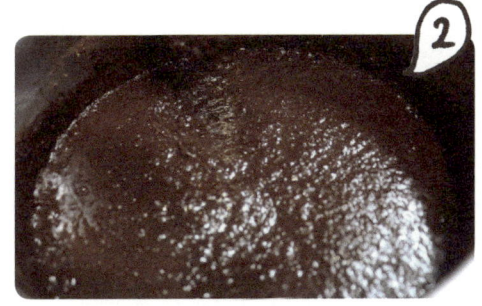

냄비에 된장양념 재료를 풀어 끓여주세요.

깻잎을 10~15장씩 켜켜이 쌓고 된장양념을 올려주세요. 깻잎이 모두 담기면 맨 위에 남아 있는 양념을 모두 올려 덮어주세요.

밀폐한 용기를 한 달간 냉장 보관한 뒤 꺼내 주세요.

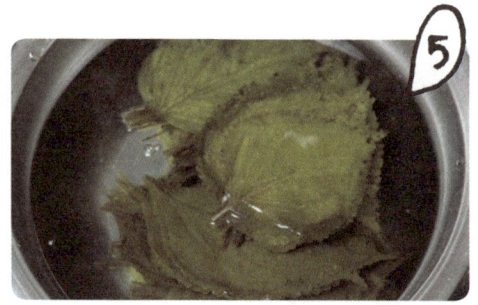

깻잎을 꺼내 흐르는 물로 된장양념을 씻어낸 뒤 깨끗한 물에 5분간 담가주세요.

쪽파, 양파는 잘게 썰어서 나머지 무침양념과 함께 섞어주세요.

냄비에 여러 장의 깻잎을 깔고 무침양념을 한 스푼씩 얹으며 계속 켜켜이 깔아주세요.

생수를 넣고 약불에서 30분간 쪄서 완성하세요.

심방골 주부의 요리 Tip

1. 깻잎은 수분이 적어서 된장만 사용하여 담그면 잘 삭지 않아요. 그래서 진간장과 생수를 섞어 묽게 만들어야 해요. 이때 섞는 물은 끓여 사용해야 맛이 변하지 않는답니다.

2. 된장을 씻어내고 물에 5분간 담가두면 짠맛이 적당히 빠지지만, 너무 오래 담가두면 된장 맛이 모두 빠져 싱거워져요!

장아찌는 오래 숙성해서 두고두고 꺼내 먹는
귀중한 반찬이에요. 입맛이 없을 때나 반찬이 마땅치 않을 때,
혹은 육류와 함께 곁들일 때 등 활용도가 아주 높습니다.
각 계절마다 담글 수 있는 장아찌의 종류가 다양하니
재료의 특색에 맞게 만들어두면 1년 반찬으로
손색이 없답니다.

장아찌

두릅장아찌

레시피
영상 보기

맛도 건강도 챙길 수 있는 두릅장아찌입니다.
식초와 설탕 없이 매실액과 간장만 있으면
황금비율의 두릅장아찌를 담글 수 있어요.
끈적거리는 두릅을 손질하는 노하우도 함께 소개할게요.

재료 두릅(담글 양만큼), 소금 1작은술

간장 물 진간장, 매실액(진간장과 매실액은 1:1 비율)

소금을 넣어 끓인 물에 다듬지 않은 두릅을 넣고 1분 30초간 데쳐주세요.

데친 두릅은 찬물에 식혀 끝부분을 자르고, 큰 것은 반으로 갈라주세요.

간장 물 재료를 두릅이 잠길 만큼 섞어 준비해주세요.

통에 두릅을 쌓아서 넣고 간장 물을 두릅이 잠길 만큼 부어주세요. 7~10일간 냉장 보관합니다.

심방골 주부의 요리 Tip

1. 두릅을 다듬기 전에 미리 데치면 두릅에서 나오는 끈적한 영양 성분이 익어서 두릅 속에 보관됩니다. 영양소가 가득한 제철 두릅을 건강하게 즐길 수 있지요. 또한 데친 두릅은 다듬을 때 끈적거리지 않아서 좋아요.

간장매실 장아찌

미리 소개한 레시피를 따라 매실청을 담근 후
과육만 따로 건져서 간장 베이스로 매실장아찌를 담가보세요!
입맛이 없을 때 이만큼 새콤달콤하고 맛있는 반찬이 또 있을까요?

재료 매실 과육(담글 양만큼)

간장 물 진간장, 매실액(매실 과육 100g당 진간장 ⅓컵, 매실액 ⅓컵으로 1:1 비율)

담가둔 매실청(36쪽 참조)이 15일(설탕의 경우 한 달)이 지나면 과육만 따로 건져내 준비해주세요.

간장 물 재료를 같은 비율로 섞어주세요.

용기에 매실 과육을 넣고 잠길 만큼 간장 물을 부어주세요.

간장매실장아찌는 냉장 보관 후 한 달이 지나면 맛있게 먹을 수 있어요.

심방골 주부의 요리 Tip

1. 매실 과육 100g당 진간장 ⅓컵, 매실액 ⅓컵의 비율을 꼭 기억하세요.

장아찌

고추장매실 장아찌

레시피
영상 보기

간장매실장아찌와 같이 매실 과육을 이용해서
고추장매실장아찌를 만들어보세요.
간장 베이스와는 다른 새콤한 맛이 색다른 매력이 있어요.
매실청에 비해 신맛이 덜해 여름철 감초처럼 자주 찾게 됩니다.

재료 매실 과육, 고추장(매실 250g당 고추장 2큰술)

담가둔 매실청(36쪽 참조)이 15일이 지나면 매실 과육을 건져 고추장에 버무려주세요.

바로 먹으려면 조금 되직하게 버무리고, 오래 숙성해서 먹으려면 고추장을 1큰술 더 넣어 약간 질퍽하게 버무려주세요.

용기에 담아 밀폐시킨 후 한 달간 냉장 보관해주세요.

심방골 주부의 요리 Tip

1. 간장매실장아찌와 보관 기간은 동일해요. 매실 과육이 준비되면 두 가지 버전으로 만들어두세요. 입맛에 따라 즐길 수 있는 든든한 냉장고 속 반찬이 됩니다.

장아찌

마늘장아찌

마늘장아찌는 무더운 여름에 자주 손이 가는 밑반찬으로
입맛을 돌게 해주는 참 좋은 음식이에요.
고기를 먹을 때 쌈에 곁들이면
맛도 좋고 건강도 지켜주는 일석이조 반찬입니다.

재료 마늘 50톨

식초 물 식초 2.5L, 설탕 4컵
간장 물 진간장 1컵, 생수 1L, 절인 식초물 500ml, 소금 120g

마늘은 깨끗이 씻어 마늘대를 자른 뒤 체에 받쳐 물기를 빼주세요.

식초 물 재료를 섞어 녹인 뒤, 마늘을 담은 용기에 부어 5일간 실온에 보관해주세요.

마늘을 절인 식초 물(500ml)에 간장 물 재료를 넣어 섞어주세요.

새로운 용기에 절인 마늘을 옮겨 담고 간장 물을 부은 뒤 15일간 실온에 보관해주세요.

심방골 주부의 요리 Tip

1. 마늘을 손질할 때 대공을 처음부터 자르면 씻어도 흙이 빠지지 않아요. 다 씻은 후 대공을 가위로 잘라 제거해주세요.
2. 마늘을 식초 물에 1차로 5일간 보관할 때, 녹변현상을 방지하기 위해 검정 비닐봉지를 씌워서 보관하세요(녹변현상이 생기더라도 맛에는 아무런 지장이 없습니다).
3. 마늘장아찌를 담기 시작한 뒤로부터 총 20일이 지난 후부터 꺼내 먹어요.

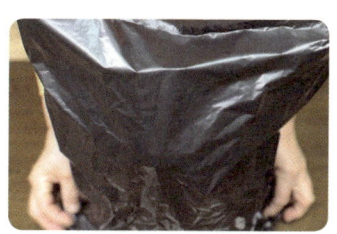

장아찌

풋마늘장아찌

레시피 영상 보기

설탕과 식초 대신 매실액으로 담근 풋마늘장아찌입니다.
간장과 매실액의 황금비율을 맞춰서 끓이지 않고
담그면 봄철에 더욱 맛있게 즐길 수 있어요.

재료 풋마늘 900g

간장 물 진간장 4국자, 매실액 4국자 (진간장과 매실액은 1:1 비율)

풋마늘은 밑부분을 잘라 겉껍질을 벗겨낸 뒤, 깨끗이 씻어주세요.

손질한 풋마늘은 너무 길지 않게 알맞은 크기로 썰어주세요.

볼에 간장 물 재료를 같은 비율로 섞어주세요.

용기에 썰어둔 풋마늘을 넣고 충분히 잠길 정도 간장 물을 부어주세요. 하루 동안 실온 보관한 뒤 5일간 냉장 보관하세요.

장아찌

뽕잎장아찌

이른 봄에 나오는 뽕잎의 햇순은 연해서
장아찌를 만들었을 때 그 맛이 정말로 일품이에요.
데치지 않고 생으로 담가서 먹는 장아찌이기 때문에
신선한 뽕잎의 향을 제대로 느낄 수 있지요.
몸에 좋은 성분이 가득한 뽕잎으로 맛과 건강을 함께 챙겨보아요.

재료 뽕잎 500g, 청양고추 8개

간장 물(뽕잎 500g기준) 간장 2국자, 물 4국자, 설탕 4큰술, 식초 1국자

뽕잎의 끝부분은 조금 억세기 때문에 미리 자른 뒤 깨끗이 씻어 물기를 빼주세요.

청양고추는 2~3등분으로 어슷썰고, 물기가 빠진 뽕잎은 모아서 청양고추와 함께 통에 가지런히 담아주세요.

냄비에 간장 물 재료 중 식초만 빼고 섞은 후 끓이다가 물이 끓어오를 때 식초를 넣어주세요.

끓인 간장 물은 뽕잎을 담은 통에 그대로 부어주세요. 간장 물이 식으면 그대로 꺼내 먹어도 좋아요.

오래 두고 먹을 경우 간장 물을 부은 후에 바로 뚜껑을 덮어주세요. 3일 후 간장 물만 덜어내어 따로 끓인 후 식혀서 뽕잎에 다시 부어주세요. 뚜껑을 덮고 5일간 보관한 후 간장 물을 따로 한 번 더 끓인 후 식혀서 부어주세요.

심방골 주부의 요리 Tip

1. 이른 봄에 나오는 뽕잎 햇순은 연하기 때문에, 데치는 과정 없이 장아찌를 담가야 맛있어요. 생으로 담기 때문에 다른 장아찌에 비해 간장 물의 농도를 조금 싱겁게 해주었어요.
2. 뽕잎만으로는 특별한 맛이 나지 않으므로 청양고추를 넣어 장아찌의 맛을 개운하게 해주세요.

Part 6

심방골 주부의 스페셜 레시피

일품요리

고추장 돼지불고기

레시피 영상 보기

고추장돼지불고기는 제육볶음과는 또 다른 매력이 있어요.
과일을 갈아 넣은 비법 양념장으로 불고기의 감칠맛을 올리고
새송이버섯과 함께 볶아서 식감을 살리는 게 비법입니다.
정성을 들인 만큼 불고기의 맛은 배가 되겠지요?

재료 불고기용 돼지고기 600g, 새송이버섯 2개, 양파 ½개, 대파 1뿌리, 꿀 1큰술, 통깨 약간, 생수 100ml

밑간양념 다진 마늘 1큰술, 맛술 1큰술, 생강청 1큰술, 후추 약간
양념장 고춧가루 2큰술, 고추장 2큰술, 진간장 2큰술, 사과 ½개, 양파 ½개

돼지고기는 밑간양념 재료를 넣고 버무려 10분간 재워주세요.

양념장 재료 중 양파와 사과를 강판에 갈고, 남은 재료와 함께 섞어주세요.

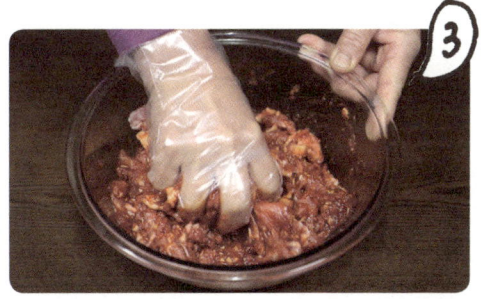

돼지고기를 양념장으로 버무려 다시 10분간 재워주세요.

양파와 대파, 새송이버섯은 취향에 맞게 썰어주세요.

양념장 재료를 섞은 볼에 생수를 붓고 가볍게 헹군 물을 그대로 팬에 부어주세요. 이어서 돼지고기와 양파를 넣은 뒤 빠르게 볶아주세요.

돼지고기가 거의 익어갈 때쯤, 새송이버섯을 넣고 1분간 볶아주세요.

대파와 꿀, 통깨를 넣고 볶아서 마무리해주세요.

심방골 주부의 요리 Tip

1. 양파와 사과를 강판에 갈아서 사용하면, 따로 설탕을 넣지 않아도 단맛을 낼 수 있어요. 또 돼지고기의 식감을 부드럽게 하고 감칠맛을 더해주지요.
2. 양파에서 수분이 나오긴 하지만, 돼지고기가 익을 때까지 볶다 보면 바닥이 눌어붙어요. 양념장 볼을 헹궈준 물을 같이 넣고 볶으면 눌지 않아요!

불고기는 우리나라 대표 메뉴로서
전 세계인들의 사랑을 받는 요리로 손꼽힙니다.
다양한 채소와 함께 맛을 내는 달달한 소불고기도 있지만
가끔은 돼지고기를 고추장 양념장으로 매콤하게
볶아내도 좋아요. 쌈 채소까지 곁들여 차리면
푸짐한 한상이 됩니다.

일품요리

주꾸미볶음

레시피 영상 보기

봄이 제철인 주꾸미는 알이 실하게 들어 있는 신선한 재료예요.
매콤한 양념장으로 맛깔나게 볶아서 즐겨보세요.

재료 주꾸미 500g, 굵은소금 약간, 당근 ⅓개, 양파 1개, 대파 1뿌리, 들기름 1큰술,
꿀(또는 물엿) 1큰술, 통깨 약간, 청양고추 1개(기호에 따라)

볶음양념 고추장 3큰술, 다진 마늘 1큰술, 생강청 1큰술, 맛술 1큰술,
볶은 소금 ½큰술, 고춧가루 1큰술

주꾸미는 굵은소금으로 치대어 빨판에 붙은 이물질을 제거한 후 흐르는 물에 2~3회 씻어주세요. 다리는 자르고 머리는 뒤집어 내장과 먹물을 제거한 뒤 알을 분리해주세요.

손질이 끝난 주꾸미는 물기가 빠지게 체에 받쳐놓고, 양파, 당근, 대파는 먹기 좋은 크기로 썰어주세요.

볶음양념 재료를 섞어서 양념장을 만들어주세요.

팬에 들기름을 두르고 양파와 당근을 중불에서 1분 30초간 볶아주세요.

주꾸미와 양념장을 넣고 양념이 고루 배이도록 센 불에서 4분간 빠르게 볶아주세요. 중간에 대파와 꿀을 넣고 마지막에 통깨를 살살 뿌려주세요.

심방골 주부의 요리 Tip

1. 주꾸미는 약불에서 오래 볶으면 물이 많이 생겨서 질퍽해져요. 데치지 않고 바로 볶을 경우, 야채를 먼저 볶다가 주꾸미를 넣고 센 불로 올려 수분을 증발시키면서 빠르게 볶아야 해요. 그래야 질기지 않고 야들야들한 식감을 유지할 수 있어요.

2. 취향에 따라 마지막에 청양고추를 넣고 볶아주어도 좋아요.

일품요리

오리주물럭

레시피
영상 보기

오리주물럭은 집에서도 맛있게 즐길 수 있는 일품요리예요.
생강과 과일로 오리의 특유한 잡냄새를 잡아주면 깔끔하게 즐길 수 있어요.
맛깔나는 양념으로 무쳐서 깻잎향이 나도록 볶아내면 최고의 한상 차림이 됩니다.

재료 오리고기 700g, 대파 2뿌리, 양파 ½개, 새송이버섯 2개, 깻잎 1묶음(10장), 들기름 1큰술

밑간양념 배 ¼개, 사과 ¼개, 키위 ½개, 양파 ¼개

양념장 고추장 4큰술, 생강청(또는 다진 생강) 1큰술, 고춧가루 3큰술, 맛술 2큰술, 꿀 2큰술, 다진 마늘 3큰술, 후추 약간

밑간양념 재료를 모두 강판에 갈아 오리고기와 섞어서 30분간 재워주세요.

양념장 재료를 재워둔 오리고기와 고루 섞어 10분간 추가로 재워주세요.

새송이버섯, 양파, 대파, 깻잎은 알맞은 크기로 썰어주세요. 팬에 들기름을 두르고 오리고기와 양파를 먼저 넣고 센 불에 3분간 볶아주세요.

새송이버섯을 넣고 2분간 더 볶아주세요.

대파를 넣고 30초간 볶다가 마지막에 깻잎을 넣고 볶아주세요.

심방골 주부의 요리 Tip

1. 오리고기를 재울 때 과일을 다양하게 갈아넣어야 특유의 누린내를 잡을 수 있어요. 키위가 들어가면 육질이 부드러워져서 더 맛있지요. 누린내 때문에 양념에 간장을 넣으면 어울리지 않아요.
2. 오리고기는 기름과 물이 많이 생겨서 센 불에서 수분을 증발시키면서 빠르게 볶아주는 것이 좋아요.

일품요리

잡채

명절이나 잔칫상에 빠지지 않는 요리가 바로 잡채입니다.
잡채는 면이 불지 않게 만들어야 오래 두고 먹을 수 있어요.
심방골 주부만의 비법대로 따라해보세요.

레시피 영상 보기

재료 자른 당면 300g, 느타리버섯 1팩, 시금치 ½단, 당근 ½개, 양파 ½개, 피망 ½개, 돼지고기 200g, 진간장 5큰술, 설탕 1.5큰술, 다진 마늘 5작은술, 들기름 2작은술, 생수 1.5L, 볶은소금 2작은술+5꼬집, 통깨 약간

밑간양념 생강청(맛술) 1큰술, 후추 약간

느타리버섯과 시금치는 다듬어 알맞게 썬 후 흐르는 물에 씻어주세요.

끓는 물에 볶은 소금(1작은술)을 넣고 느타리버섯은 30초, 시금치는 1분간 빠르게 데쳐서 바로 차가운 물로 헹궈 물기를 짜주세요.

당근, 피망, 양파, 돼지고기는 취향에 맞게 알맞은 크기로 썰어서 준비해주세요.

돼지고기는 밑간양념 재료로 20분간 재워주세요.

팬에 들기름을 두르고 돼지고기, 당근, 피망, 양파, 느타리버섯을 볶은소금(1꼬집씩)과 다진 마늘(1작은술씩)을 넣고 각각 따로 볶아주세요.

시금치는 물기를 털어서 떼어준 다음 볶은소금(1작은술)과 들기름을 넣고 무쳐주세요.

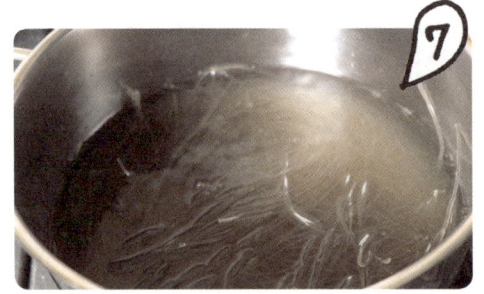

냄비에 생수를 끓여 당면을 넣고 8~10분간 삶아주세요.

삶아진 당면은 뜨거운 상태에서 바로 설탕, 진간장으로 버무려주세요.

볶아놓은 재료들은 시금치를 제외하고 당면과 같이 골고루 섞이도록 버무려주세요.

마지막으로 시금치와 통깨를 넣고 버무려주세요.

심방골 주부의 요리 Tip

1. 돼지고기를 따로 볶을 때는 수분이 증발되도록 센 불에서 볶아주세요.

잡채는 어렵지는 않지만 정성이 필요한 요리입니다.
고명을 하나하나 따로 볶아서 무쳐주는 게 중요해요.
또한 당면이 뜨거운 상태에서 바로 재료와 함께 버무려주어야
시간이 지나도 불지 않는 잡채가 된답니다.
간단하지만 놓치지 말아야할 심방골 주부표 팁이에요!

일품요리

돼지갈비찜

돼지갈비찜은 추석이나 설 명절에 올리는 단골 메뉴이자
손님 대접하기에도 좋은 고급 요리입니다.
간장 베이스 양념장에 고기를 재운뒤
청양고추로 칼칼한 맛을 더해 느끼하지 않아요.

재료 돼지갈비 1.5kg, 마른 표고버섯 5개, 마른 청양고추 3개, 무 1토막, 당근 1개, 대파 1개, 생강 ½큰술, 된장 ½큰술, 꿀 1큰술, 후추 약간, 표고버섯 우린 물 300ml

양념장 배 ½개, 양파 ½개, 생강청 건더기 1큰술, 다진 마늘 1.5큰술, 진간장 10큰술, 청주 5큰술

마른 표고버섯은 물에 2시간 동안 불린 후 표고버섯 우린 물은 따로 버리지 말고 재료 용량만큼 준비하세요.

돼지갈비는 흐르는 물에 세 번 정도 씻고, 핏물이 빠지도록 2시간 동안 물에 담가두세요. 중간에 맑은 물로 한 번 교체해준 뒤 핏물이 빠지면 물로 씻어냅니다.

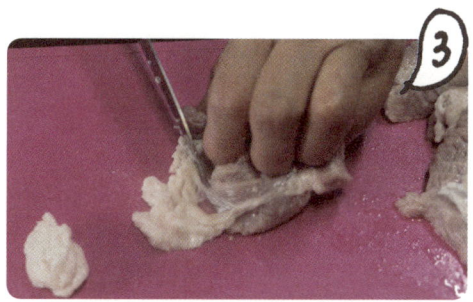

갈비에 기름이 많은 부분은 제거하고 두꺼운 살코기는 양념이 잘 배이도록 칼집을 내주세요.

냄비에 생강, 된장, 후추를 넣고 끓인 뒤 칼집을 낸 돼지갈비를 넣고 데쳐주세요. 2분이 지나면 갈비를 건져 흐르는 물에 헹궈 불순물과 기름기를 제거해주세요.

양념장 재료를 믹서기에 넣고 고루 섞이도록 갈아주세요.

냄비에 갈비와 양념장, 후추, 꿀을 넣고 고루 섞은 뒤 1시간 동안 재워주세요.

당근, 무, 양파는 알맞은 크기로 썰고, 표고버섯은 꼭지를 따주세요. 갈비찜의 칼칼한 맛을 위해 마른 청양고추도 가위로 잘라 준비하고 대파도 썰어주세요.

냄비에 표고버섯 우린 물을 붓고 양념된 갈비를 센 불로 끓이다가 약불로 줄여 20분간 삶아주세요.

청양고추와 표고버섯을 넣고 추가로 5분간 더 끓이다가 당근, 무, 양파, 대파를 넣고 다시 25분간 약불에서 끓여주세요. 바닥에 재료들이 눌어붙지 않게 뒤적여주어야 해요.

심방골 주부의 요리 Tip

1. 돼지갈비의 핏물을 뺀 뒤 갈비를 살짝 데쳐 여러 차례 기름기와 불순물을 제거해주는 것이 깔끔하고 맛있는 돼지갈비찜을 만드는 비결이에요.
2. 당근과 무를 썬 후 모서리 부분을 둥글게 깎아주면 갈비와 함께 뒤적이며 익히는 동안 부서지지 않아 모양이 좋은 갈비찜이 완성됩니다.

명절 음식은 손이 많이 가지만 가족들이 맛있게
먹는 모습을 보면 쌓였던 피로가 사라지는 것 같아요.
돼지갈비찜도 과정이 번거롭기는 하지만 마찬가지의 기쁨을 주지요.
돼지고기 특유의 잡내를 잡아준 뒤 비법 양념으로 끓여내 깔끔하면서도
맛이 깊은 것이 특징이에요. 특히 버섯과 당근 같은 야채에도
양념이 잘 배어야 맛이 배가 됩니다.

일품요리

깻잎전

명절이나 잔칫날에는 아무래도 집안 가득 고소한
기름 냄새가 퍼져야 흥겨운 분위기가 나지요.
어른 아이 할 것 없이 모두 좋아하는
깻잎전으로 맛과 영양을 함께 챙겨보아요.

재료 깻잎 20장, 계란 3개, 밀가루 50g, 들기름 5큰술, 식용유 5큰술

고기소 다진 소고기 150g, 두부 ½모, 양파 ½개, 대파 2뿌리, 다진 마늘 1큰술,
볶은 소금 2작은술, 후추 약간
밑간양념 생강청 1큰술, 맛술 1큰술, 후추 약간

다진 소고기는 밑간양념 재료와 섞어 10분간 재워주세요.

대파, 양파 모두 잘게 썰고, 두부는 으깨어 천으로 싸서 물기를 제거한 후 재운 소고기와 같이 담아주세요.

재료를 담은 볼에 남은 고기소 재료를 모두 넣고 고루 섞어 치대주세요.

계란을 풀어서 준비하고 깻잎의 안쪽에 밀가루를 입힌 후 소를 반쪽에만 올려 접어주세요.

깻잎의 겉면에도 밀가루를 살짝 발라준 뒤 계란 물을 입혀 팬에 부쳐주세요.

팬에 기름이 부족할 때마다 들기름과 식용유를 조금씩 넣고 5분 동안 약불에서 뒤집어가며 부쳐주세요.

심방골 주부의 요리 Tip

1. 깻잎전의 소는 여러 번 치대주어야 재료가 고루 섞이고, 고기에서 진이 나와 찰진 식감을 줍니다.
2. 전 요리에는 식용유와 들기름을 같은 비율로 섞어 부쳐주면 훨씬 고소한 맛을 낼 수 있어요.

일품요리

두릅전

산채의 제왕이라고 불리는 두릅은
어떤 새순보다 향이 좋고 몸에 좋은 성분이 많지요.
봄철 두릅의 신선한 맛을 그대로 살려 간단하게 전을 부쳐보세요!

재료 두릅, 부침가루(두릅 분량에 맞게), 계란 3개, 볶은 소금 2작은술, 식용유 약간

끓는 물에 볶은 소금(1작은술)을 넣고 1분 동안 두릅을 데쳐주세요.

차가운 물에 두릅을 씻은 후 물기를 짜서 손질해주세요.

계란은 볶은 소금(1작은술)을 넣고 곱게 풀어주세요.

두릅에 부침가루를 입힌 후 계란 물을 묻혀 팬에 노릇노릇하게 부쳐주세요.

심방골 주부의 요리 Tip

1. 두릅을 다듬기 전에 미리 데치면 두릅에서 나오는 끈적한 성분이 익게 됩니다. 이 성분은 몸에 좋기 때문에 데치는 동안 두릅 속에 보관되어 건강하게 즐길 수 있어요.
2. 계란은 취향에 따라 더 추가해도 됩니다.

일품요리

동태전

명절에 빠질 수 없는 요리, 바로 동태전을 만들어보았어요.
간단하게 만들어 맛있게 즐기는 모듬전의 대표주자입니다.

재료 동태 1팩, 계란 4개, 밀가루(동태 분량만큼), 볶은 소금 약간, 후추 약간, 콩기름과 들기름(1:1 비율)

동태는 키친타올로 눌러 물기를 제거해주세요.

볶은 소금과 후추로 밑간을 한 동태를 밀가루에 묻혀서 살짝 털어주세요.

계란 물을 만들 때 두 개는 흰자를 빼고 노른자만 넣고 풀어주세요.

들기름과 콩기름은 같은 비율로 섞어서 팬에 두른 뒤 계란 물을 입힌 동태를 부쳐주세요.

약불과 중불 사이에서 조절해가면서 노릇노릇하게 익혀주세요.

심방골 주부의 요리 Tip

1. 계란 물에 노른자만 따로 더 추가해서 부쳐주면 노란 색감이 살아나요.
2. 콩기름과 들기름을 같은 비율로 섞어서 전을 부치면 더 고소한 전을 만들 수 있어요.

일품요리

두부부침

두부가 생각날 때, 간편하게 기름에 부쳐서
양념장에 찍어 먹으면 영양 만점 반찬이 됩니다.
노릇노릇 고소한 두부부침을 만들어볼까요?

재료 두부 1팩, 콩기름과 들기름(1:1 비율), 볶은 소금 약간, 후추 약간

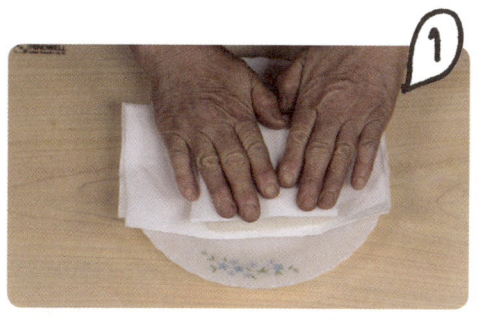

두부는 키친타올로 눌러 물기를 제거해주세요.

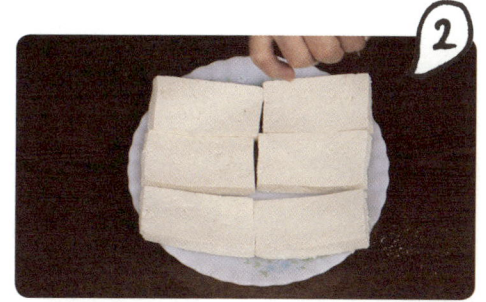

두부를 먹기 좋게 썰어 후추와 소금으로 밑간을 해주세요.

콩기름과 들기름을 같은 비율로 섞어서 준비해주세요.

팬에 기름을 두르고 중불에서 노릇노릇하게 뒤집어가면서 부쳐주세요.

심방골 주부의 요리 Tip

1. 두부부침은 다른 전들과 달리 중불에서 부쳐야 좀 더 잘 익고, 맛이 있어요!

일품요리

소고기육전

모듬 전에 빠질 수 없는 요리 중 하나인 육전입니다.
소고기 홍두깨살을 이용하여 특별한 전을 만들어보세요.

재료 소고기(홍두깨살) 600g, 밀가루(소고기 분량만큼), 계란 4개, 볶은 소금 약간, 들기름과 콩기름(1:1비율)

소고기는 키친타올로 눌러 핏물을 제거한 뒤 칼로 골고루 두드려 칼집을 내주세요.

소고기에 소금과 후추를 뿌려 밑간을 한 뒤 밀가루를 묻혀 털어주세요.

계란 물을 만들 때 두 개는 흰자를 빼고 노른자만 넣고 풀어주세요.

콩기름과 들기름을 같은 비율로 섞어 팬에 두른 뒤 계란 물을 입힌 소고기를 부쳐주세요.

약불이나 중불에서 골고루 뒤집어가며 노릇노릇하게 익혀주세요.

심방골 주부의 요리 Tip

1. 고기에 칼집을 내어 전을 붙이면 육질이 수축되는 것을 막고 식감도 더욱 부드러워집니다.

일품요리

애호박전

레시피
영상 보기

애호박으로 전을 부치면 좀 더 담백하게 즐길 수 있어요.
은은한 애호박의 향과 부드러운 식감이 어우러져
더욱 고소하게 느껴집니다.

재료 애호박 1개, 밀가루(애호박 분량만큼), 계란 4개, 볶은 소금 약간, 콩기름과 들기름(1:1 비율)

애호박은 먹기 좋은 크기로 알맞게 썰어주세요.

애호박에 볶은 소금을 뿌려 밑간을 한 뒤 밀가루에 묻혀 털어주세요.

계란 물을 만들 때 두 개는 흰자를 빼고 노른자만 넣고 풀어주세요.

콩기름과 들기름을 같은 비율로 섞어 팬에 두른 뒤 계란 물을 입힌 애호박을 부쳐주세요.

약불이나 중불에서 골고루 뒤집어가며 노릇노릇하게 익혀주세요.

일품요리

고구마맛탕

촉촉하게 꿀을 입힌 고구마맛탕입니다.
고구마를 전자레인지에서 익히면 바삭한 맛이 사라져요.
팬에 올려서 천천히 익힌 뒤 달콤한 꿀로 윤기를 내서 완성하세요.

재료 고구마 2개, 생수 500ml, 식용유 약간, 볶은 소금 2작은술

맛탕양념 꿀 2큰술, 생수 2큰술

레시피 영상 보기

고구마는 깨끗이 씻어 알맞은 크기로 썰고, 볶은 소금을 넣은 생수에 담가주세요.

30분이 지나면 고구마를 꺼내 키친타올로 물기를 제거해주세요.

팬에 식용유를 넉넉히 두르고 약불에 고구마를 올려 20분간 뒤집어가며 튀겨주세요.

20분간 노릇하게 튀겨진 고구마는 키친타올로 싸서 기름기를 제거해주세요.

팬에 맛탕양념 재료를 넣은 뒤 끓으면 고구마를 넣고 중불에서 윤기가 나게 코팅시켜주세요.

심방골 주부의 요리 Tip

1. 고구마를 소금물에 담가놓으면 전분기도 빠지고 간이 배어 맛있는 맛탕을 만들 수 있어요.
2. 전자레인지에 고구마를 익히지 않기 때문에 시간이 좀 더 오래 걸리고 번거롭지만, 약불에서 서서히 고구마를 튀겨내며 굽기 때문에 바삭한 식감의 고구마맛탕이 완성돼요.

일품요리

밤꿀조림

맛있는 밤꿀조림을 한 번 맛보면
시중에서 파는 다른 간식은 잊게 될 거예요.
밤꿀조림은 꿀이 들어가 영양이 풍부하고
누구나 쉽게 만들 수 있는 건강 간식입니다.

재료 밤, 꿀(준비한 밤을 조릴 만큼)

밤은 흐르는 물에 씻어 냄비에 밤이 잠길 만큼의 물을 붓고 15분간 삶아주세요.

삶은 밤은 차가운 물에 열기를 식힌 후 껍질을 모두 까주세요.

팬에 밤을 다 조릴 만큼의 꿀을 넣고 끓을 때까지 센 불에서 조려주세요.

꿀이 끓어오르면 밤을 넣은 뒤 약불로 줄여 꿀이 스며들 때까지 코팅하듯이 섞어주세요.

꿀이 거의 다 졸아들고 밤에서 윤기가 나면 그릇에 담아 식혀주세요.

심방골 주부의 요리 Tip

1. 한 번에 너무 많이 만들어서 오랫동안 보관하면 변질될 우려가 있으니 먹을 만큼씩만 만드는 게 좋아요.

한 끼 식 사

떡국

새해가 되면 떡국을 꼭 만들어 먹지요.
양지머리로 고소하고 진한 육수를 끓여내면
가족 모두가 복을 나눌 수 있는 깊은 맛의 떡국이 완성됩니다.

재료 떡국떡 800g, 대파 1뿌리, 다진 마늘 ½큰술, 후추 약간, 볶은 소금 ½큰술

육수 소고기(양지머리) 400g, 생강청 건더기 ½큰술, 생수 1.5L
고명 볶음 소금 1작은술, 다진 마늘 ½큰술, 후추 약간

냄비에 깨끗하게 씻은 양지머리와 남은 육수 재료를 넣고 센 불에서 끓이다가 거품은 걷어내고 약불로 1시간 정도 끓여주세요.

떡은 씻어서 1시간 동안 찬물에 불려주세요.

육수에서 고기와 생강 건더기를 건진 뒤 증발한 만큼 생수를 조금 더 부어주세요.

양지머리는 알맞게 썰어 고명 재료를 넣어 무쳐주세요.

육수가 끓기 시작하면 불린 떡과 다진 마늘, 후추, 볶은 소금을 넣고 끓이다가 떡이 익으면 대파를 넣어주세요. 그릇에 떡국을 담고 고명을 올립니다.

심방골 주부의 요리 Tip

1. 따로 양념한 양지머리를 고명으로 얹어주면 느끼하지 않고 깔끔한 떡국을 즐길 수 있어요.
2. 떡이 조금 단단한 게 좋으면 물에 불리는 시간을 줄여주세요.
3. 취향에 따라 계란 지단을 만들어 고명으로 올려도 좋아요.

한끼 식사

팥죽

쫄깃한 찹쌀 새알심을 가득 넣고 팥죽을 끓여보세요.
햇팥으로 만들면 더욱 깊은 맛이 나고 설탕 대신
꿀을 넣어 달콤하고 건강에도 좋아요.
추운 겨울날 따뜻하게 즐길 수 있는 레시피입니다.

재료 붉은 팥 2.5컵, 찹쌀 1컵, 소금 1큰술, 꿀 1.5큰술, 팥 삶은 물 2L

새알심 찹쌀가루 1.2kg, 일반 쌀가루 600g(찹쌀가루와 일반 쌀가루는 2:1 비율), 반죽용 물 약간

붉은 팥은 흐르는 물에 씻어 냄비에 넣고, 팥 양의 2배 분량의 물을 부어 5분간 끓인 뒤 팥은 체에 받쳐 걸러주세요.

체에 거른 팥과 팥 양의 3배 분량의 물을 새로 냄비에 붓고 끓으면 약불로 줄여 1시간 30분간 삶아주세요.

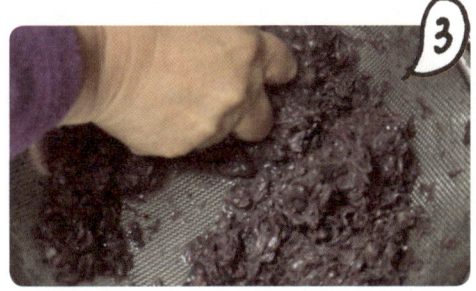

삶은 팥을 손으로 살짝 만졌을 때 으깨지면 체에 받쳐 국자로 모두 으깨어 껍질과 앙금을 분리해주세요. 팥 삶은 물은 버리지 마세요.

찹쌀가루와 쌀가루를 비율에 맞게 섞어 물을 적당히 넣어가며 반죽을 한 뒤 알알이 작게 빚어주세요.

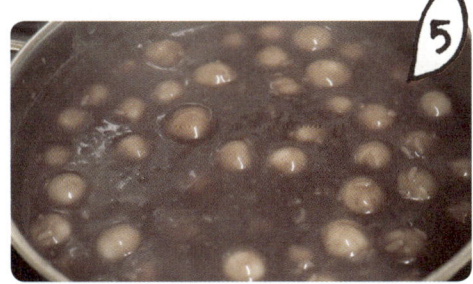

팥 삶은 물을 먼저 끓이다가 찹쌀과 분리한 팥 앙금을 넣어주세요. 팥죽이 끓어오르면 새알심, 소금, 꿀을 넣고 한소끔 끓여 완성하세요.

심방골 주부의 요리 Tip

1. 팥을 삶을 때 5분간 먼저 삶은 뒤 물을 버리고 다시 삶으면 팥의 아린 맛이 제거됩니다.
2. 새알심은 나무 주걱에 굴려서 넣으면 화상을 방지할 수 있어요.

한끼식사

팥칼국수

팥죽을 만들었다면 취향에 맞게 칼국수로 응용해볼 수 있어요.
뜨끈하고 달콤한 팥죽 베이스에 직접 반죽한 면을
넣고 끓인 팥칼국수야말로 겨울철 별미입니다.

재료 붉은팥 1.5컵, 밀가루 100g, 소금 ½큰술, 꿀 1큰술, 팥 삶은 물 1.5L

칼국수 면 밀가루 100g, 반죽용 물 약간

붉은 팥은 흐르는 물에 씻어 냄비에 넣고, 팥 양의 2배 분량의 물을 부어 5분간 끓여주세요. 팥을 체에 받쳐 거른 뒤 물을 버려주세요.

체에 거른 팥과 팥 양의 3배 분량의 물을 새로 냄비에 붓고 끓으면 약불로 줄여 1시간 30분간 삶아주세요.

삶은 팥을 손으로 살짝 만졌을 때 으깨지면 체에 받쳐 국자로 모두 으깨어 껍질과 앙금을 분리해주세요. 팥 삶은 물(1.5L)은 버리지 마세요.

밀가루 반죽은 밀대로 여러 번 얇게 편 후 적당한 크기로 접듯이 말아서 면발을 가늘게 썰어주세요.

팥 삶은 물을 끓이다가 분리한 팥 앙금을 넣어주세요. 팥죽이 끓어오르면 칼국수 면을 넣은 후 면이 떠오르면 소금과 꿀을 넣고 간을 해주세요.

심방골 주부의 요리 Tip

1. 팥을 삶을 때 5분간 먼저 삶은 뒤 물을 버리고 다시 삶으면 팥의 아린 맛이 제거됩니다.
2. 소금과 꿀로 간을 할 때는 각자 취향에 맞게 넣는 것이 좋아요.

한끼 식사

감자볶음밥

레시피 영상 보기

감자와 집에 있는 야채들로 간단한 볶음밥을 만들어보세요.
어른 아이 할 것 없이 좋아하는 순한 맛으로
특별한 반찬 없이도 맛있게 한끼를 즐길 수 있어요.

재료 찬밥 2공기, 감자 1개(250g), 양파 ½개, 애호박 ⅓개(100g), 당근 ⅓개(100g), 대파 흰 부분 1뿌리, 볶은 소금 2작은술, 기름(들기름 2큰술+콩기름 2큰술), 참기름 1큰술, 통깨 약간, 후추 약간

감자, 양파, 호박, 당근, 대파 흰 뿌리는 모두 잘게 썰어주세요.

팬에 들기름과 콩기름을 같은 비율로 섞어 두른 뒤 대파를 넣고 중불에서 30초간 볶아 파기름을 내주세요.

당근과 감자를 넣고 3분, 애호박을 넣고 1분간 볶아주세요. 기름은 부족할 때마다 조금씩 추가해주세요.

볶은 소금, 후추를 뿌려 간을 한 뒤 밥을 넣고 고루 섞이도록 볶다가 참기름을 넣어 마무리하세요.

심방골 주부의 요리 Tip

1. 감자의 전분을 제거하지 않고 볶아야 수분이 나와서 밥이 눌어붙지 않아요.
2. 야채는 늦게 익는 재료부터 순서대로 볶아주어야 균일한 맛을 낼 수 있어요.

한끼 식사

열무비빔국수

레시피 영상 보기

새콤달콤한 양념장에 국수를 비벼서
열무김치를 올리면 훌륭한 한 그릇 식사가 됩니다.
참기름과 깨소금을 넣어 고소하게 비빈
열무비빔국수는 여름철 대표 메뉴입니다.

재료 열무김치, 소면 300g, 삶은 계란 2개, 참기름 1큰술, 깨소금 1큰술, 생수 1.5L

비빔양념 꿀(설탕) 1큰술, 식초 1.5큰술, 고추장 1큰술, 고춧가루 1큰술, 다진 마늘 1큰술

냄비에 생수를 붓고 끓인 후 소면을 넣고 삶아주세요.

소면을 빠르게 건져내 차가운 물에 치대어 전분기를 제거해주세요.

비빔양념 재료를 섞어 양념장을 만들어주세요.

볼에 소면을 담고 양념장과 깨소금, 참기름으로 골고루 비벼주세요.

면을 그릇에 담고 삶아놓은 계란과 열무김치를 올려서 완성하세요.

심방골 주부의 요리 Tip

1. 소면이 끓어오를 때마다 1컵 분량의 생수를 두 번에 걸쳐 붓고, 세 번째 끓어오를 때 불을 꺼주세요.

한 끼 식사

비빔밥

대한민국 대표 메뉴인 비빔밥은 정성과 손길이 많이 필요한 레시피예요.
차근차근 재료를 볶아서 정갈한 비빔밥을 완성해보세요.

재료 다진 소고기 100g, 콩나물 1봉지(320g), 고사리 100g, 애호박 100g, 청포묵 100g, 당근 100g,
고추장 1큰술, 계란 노른자 1개, 깨소금 약간, 생수 200ml, 참기름 1큰술

밑간양념 볶은 소금 ½작은술, 다진 마늘 ½작은술, 맛술 1큰술, 후추 약간
무침양념1 볶은 소금 ½작은술, 참기름 1큰술
무침양념2 볶은 소금 ½작은술, 다진 마늘 1작은술, 참기름 2큰술
볶음양념1 진간장 1큰술, 다진 마늘 ½작은술, 참기름 1큰술
볶음양념2 볶은 소금 1작은술, 다진 마늘 ½작은술, 참기름 ½큰술
볶음양념3 볶은 소금 1작은술, 다진 마늘 ½작은술, 참기름 ½큰술

다진 소고기는 밑간양념 재료를 넣고 섞어 30분간 재워두세요.

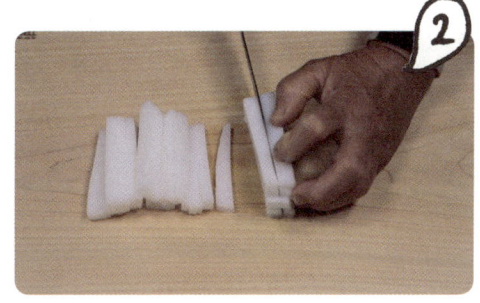

청포묵, 애호박, 당근은 알맞은 크기로 썰고 고사리는 적당히 다듬어주세요.

콩나물은 생수에 삶은 뒤 체에 받쳐 차가운 물로 빠르게 식혀주세요.

청포묵은 투명해질 때까지 뜨거운 물에 데친 뒤 차가운 물에 식혀주세요.

고사리는 불순물을 제거하기 위해 살짝만 데친 뒤 체에 받쳐 물기를 빼주세요.

청포묵은 무침양념1 재료를 넣고 무쳐주세요.

콩나물도 무침양념2 재료를 넣고 무쳐주세요.

고사리는 볶음양념1 재료를 넣고 1분간 센 불로 빠르게 볶아주세요.

애호박은 볶음양념2 재료를 넣고 볶아주세요.

당근은 볶음양념3 재료를 넣고 볶아주세요.

재워둔 소고기는 참기름(1큰술)을 두른 뒤 알맞게 볶아주세요.

완성된 고명을 밥 위에 올리고 계란 노른자와 고추장을 넣은 뒤 비벼주세요.

한끼 식사

김치말이국수

무더위에 잃어버린 입맛을 돋워줄
새콤달콤 시원한 여름 별미 김치말이국수입니다.
시판되는 냉면 육수를 활용하여 30분이면 완성되는
초간단 레시피를 소개할게요.

재료 소면 1인분, 생수 800ml, 냉면 육수 1봉지, 김칫국물 약간, 배추김치 1줌, 오이 ⅓개, 삶은 계란 1개, 깨소금 1큰술, 참기름 1큰술, 식초나 설탕(취향대로)

생수를 끓인 물에 소면을 삶아주세요.

소면을 빠르게 건져내 차가운 물에 치대어 전분기를 제거해주세요. 오이는 미리 채썰어주세요.

김칫국물은 체에 받쳐 건더기를 걸러 국물만 준비하고, 김치는 잘게 채 썰어 깨소금과 참기름을 넣고 무쳐주세요.

냉면 육수에 김칫국물을 조금씩 넣으면서 간을 맞춰주세요.

그릇에 소면을 담고 오이, 김치, 계란을 올린 후 육수를 부어주세요.

심방골 주부의 요리 Tip

1. 소면이 끓어오를 때마다 1컵 분량의 생수를 두 번에 걸쳐 붓고, 세 번째 끓어오를 때 불을 꺼주세요.
2. 시판용 냉면 육수는 종류에 따라 맛이 다르고 김칫국물도 마찬가지이므로, 부족한 간은 김칫국물과 식초, 설탕을 취향대로 넣어 맞춰주세요.

한끼식사

차돌박이국수

따뜻한 멸치육수에 맛있게 양념된 차돌박이를 얹어서
특별하게 즐기는 온면 차돌박이국수예요.
청양고추를 고명으로 해서 더욱 깔끔한 맛을 내주었어요.
맛도 영양도 챙기는 한끼 식사로 가장 아끼는 요리입니다.

재료 소면(500원짜리 3개 분량), 생수(소면 삶을 만큼), 차돌박이 300g, 청양고추 1개

육수1 국물용 멸치 30g, 다시마 2쪽, 생수 800ml, 생강청 건더기 ½큰술
육수2 양파 1개, 대파 1뿌리, 다진 마늘 ½큰술, 진간장 1큰술
볶음양념 진간장 1큰술, 다진 마늘 1큰술, 맛술 1큰술, 꿀 1큰술, 후추 약간

1. 냄비에 육수1 재료를 넣고 10분간 끓이다가 다시마만 건져내고 중불에서 10분 더 끓여주세요.

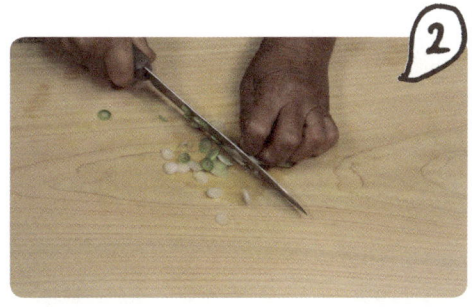

2. 양파와 대파는 취향에 맞게 썰고, 청양고추는 씨를 제거해 잘게 썰어주세요.

3. 팬에 차돌박이를 굽다가 익으면 볶음양념 재료를 넣고 고루 섞어가며 구워주세요.

4. 생수에 소면을 삶은 뒤 차가운 물에 치대어 전분기를 제거해주세요.

5. 준비된 육수는 체에 받쳐 걸러내고 육수2 재료를 넣고 좀 더 끓여주세요.

6. 그릇에 국수를 담고 차돌박이, 청양고추를 올린 후 육수를 부어주세요.

한끼 식사

잔치국수

잔치국수는 멸치육수만 있으면 금방 완성할 수 있어요.
쌀쌀한 날씨에 따끈한 국물이 생각날 때 만들어보세요.
추위에 꽁꽁 언 몸도 사르르 녹아버린답니다.

재료 소면(3인분), 생수(소면 삶을 만큼)

고명 애호박 ½개, 양파 ½개, 당근 ¼개, 볶은 소금 2작은술, 다진 마늘 ½큰술, 들기름 1큰술, 계란 2개
육수1 국물용 멸치 30g, 생수1L, 생강청 건더기 ½큰술, 양파 1개, 대파 1뿌리, 다시마 2쪽, 청양고추 2개
육수2 진간장 1큰술, 볶은 소금 1작은술, 다진 마늘 ½큰술, 대파 ½개

냄비에 육수1 재료를 넣고 센 불에서 끓이다가 약불로 줄인 뒤 40분간 육수를 내주세요.

애호박, 양파, 당근은 채 썰고, 대파도 알맞게 썰어주세요.

계란은 따로 풀어서 얇게 지단을 만들어 썰어주세요. 팬에 들기름을 두르고 중불에서 당근과 양파를 30초, 애호박을 2분간 볶다가 남은 고명 재료를 넣고 간을 해주세요.

멸치육수는 체에 받쳐 걸러주고, 증발한 만큼의 생수를 부은 뒤 육수2 재료를 넣고 1분간 끓여주세요.

생수에 소면을 삶은 뒤 차가운 물에 치대어 전분기를 제거해주세요.

국수를 그릇에 담고 고명을 모두 올린 뒤 육수를 부어주세요.

한 끼 식사

떡볶이

레시피 영상 보기

남녀노소 모두 좋아하는 국민 간식 떡볶이!
집에서 만드는 떡볶이도 나름의 매력이 있어요.
시중에 판매되는 양념보다 더 맛있게,
건강한 재료로 승부하는 정성이 듬뿍 담긴 레시피예요.

재료 떡볶이 떡 600g, 어묵 1팩(4조각), 양파 1.5개, 대파 2개, 소금 1작은술,
진간장 1큰술, 꿀 1큰술, 계란

양념장 생수 500ml, 고추장 4큰술, 고춧가루 2큰술, 다진 마늘 1큰술, 간 양파 ½개

계란은 삶아주고, 대파, 어묵, 양파는 취향에 맞게 알맞은 크기로 썰어주세요.

양념 재료의 양파는 강판에 갈고 어묵은 끓인 물로 체에 밭쳐 씻은 뒤 먹기 좋게 썰어주세요.

냄비에 소금과 떡을 넣고 2분간 삶은 뒤 체에 밭쳐 건져주세요.

냄비에 양념 재료를 넣고 뚜껑을 덮고 끓이다가 양파, 어묵, 떡을 넣고 3분간 중불에서 끓여주세요.

떡과 재료들이 익으면 진간장과 꿀을 넣어 간을 맞춰주세요. 대파를 넣고 1분간 끓여서 마무리하세요.

심방골 주부의 요리 Tip

1. 떡은 소금을 넣고 미리 살짝 삶아주면, 좀 더 쫀득거리는 식감을 느낄 수 있어요. 또 간이 배어 있어서 더 맛있어요.

한 끼 식사

바지락칼국수

겨울이 제철인 바지락으로 시원하게 칼국수를 끓여보세요.
밀가루 반죽을 해서 칼국수 면을 직접 만들면
쫄깃하고 부드러운 면발을 즐길 수 있어요!

재료 바지락 500g, 굵은소금 ½큰술, 생수 500ml, 애호박 1개, 양파 1개, 당근 ½개, 청양고추 2개, 대파 1개, 다진 마늘 1큰술, 국간장 3큰술, 볶은 소금 1작은술, 식용유 1큰술

육수 육수용 멸치 20마리, 다시마 2쪽, 생수 2L
칼국수 면 밀가루 500g, 생수 200ml, 볶은 소금 1작은술

칼국수 면 재료를 섞어 만든 반죽을 비닐에 싸서 1시간 동안 냉장 보관해주세요.

바지락은 생수에 굵은소금을 넣어 30분간 해감해주세요.

냄비에 육수 재료를 넣고 끓이다가 10분 뒤 다시마를 건져내고 10분간 더 끓여주세요. 남은 건더기를 건져낸 뒤 바지락을 넣어 5분간 끓인 후 바지락은 따로 건져둡니다.

애호박, 당근, 청양고추, 대파는 채 썰어주세요.

밀가루 반죽은 밀대로 여러 번 얇게 편 후 적당한 크기로 접듯이 말아서 면발을 가늘게 썰어주세요.

육수에 국 간장, 볶은 소금을 넣어 간을 미리 맞추고 당근, 양파를 넣고 끓여주세요.

국물이 끓으면 면과 애호박, 청양고추를 함께 넣고 끓여주세요.

칼국수 면이 떠오르면 거품을 걷어내고 바지락, 다진 마늘, 대파를 넣고 끓여주세요.

심방골 주부의 요리 Tip

1. 밀가루 반죽을 할 때 물이 많으면 반죽이 질어질 수 있으니 조금씩 추가하면서 넣어주세요. 냉장고에서 숙성시키면 반죽이 더 보들보들해집니다. 반죽이 질면 국수를 썰 때 칼에 들러 붙을 수 있으니 주의하세요.

바지락으로 우려낸 육수에서 느껴지는 바다의 맛과
채소의 담백함, 그리고 청양고추의 시원함이 한데 어우러진
바지락 칼국수에 포슬포슬한 감자를 넣어도 맛있답니다.
밀가루 반죽을 하고 시원한 국물로 맛을 내는 조리 과정이 간단하지는
않지만 정성껏 한끼를 완성하고 나면 피로와 추위가 눈처럼
녹아내리는 것 같은 기분이 들어요.

한끼식사

김치수제비

비오는 날 생각나는 뜨끈한 요리,
칼칼한 김치 수제비 한 그릇 끓여보세요.
멸치육수만으로도 맛깔나는 국물이 완성됩니다.

레시피 영상 보기

재료 감자 3개, 대파 1뿌리, 양파 ½개, 배추김치 ¼포기, 고추장 1큰술

육수1 생수 1L, 멸치 30g, 다시마 2장   **육수2** 생수 500ml
수제비반죽 밀가루 200g, 식용유 1작은술, 볶은 소금 1작은술, 생수 100ml
국물양념 김칫국물 4큰술, 볶은 소금 1작은술, 다진 마늘 1큰술, 고춧가루 1큰술

감자, 양파, 대파, 김치는 약간 도톰하게 썰어두고, 수제비반죽 재료를 섞어 치댄 뒤 비닐에 싸서 20분간 보관해주세요.

냄비에 육수1 재료를 넣고 끓이다가 10분 뒤 다시마를 건져내고 10분간 더 끓여주세요.

끓인 육수는 건더기만 거른 뒤 육수2 재료를 추가로 붓고, 감자, 김치, 고추장을 넣은 뒤 센 불에서 끓여주세요.

국물이 끓으면 거품을 걷고 양파를 넣고 수제비반죽을 하나씩 떼어서 넣어주세요.

국물양념 재료를 넣고 끓이다가 마지막에 대파를 넣고 1분간 더 끓여주세요.

심방골 주부의 요리 Tip

1. 밀가루 반죽에 식용유를 약간 넣어주면 손에 붙지 않아 조금 더 수월하게 반죽을 할 수 있어요.
2. 반죽을 떼어 넣을 때는 손에 마른 가루를 살짝 묻혀도 좋지만 국물이 걸쭉해질 수 있으니 가끔 한 번씩만 묻혀가며 떼주세요.

계절음식

콩나물냉국

레시피 영상 보기

여름에는 시원한 냉국으로 더위를 달래곤 하지요.
재료도 간단한 콩나물 냉국을 깔끔하게 만들면
입맛이 없을 때도 시원하게 즐길 수가 있어요.

재료 콩나물 1봉지(300g), 쪽파 1뿌리, 볶은 소금 ½큰술

육수 생수 1.5L, 다시마 1장, 마늘 1줌, 청양고추 2개

콩나물은 흐르는 물에 씻고, 청양고추와 쪽파는 알맞게 썰어주세요.

냄비에 육수 재료를 넣고 15분간 끓여주세요.

15분 후 건더기는 체로 건져내고, 콩나물을 넣은 뒤 뚜껑을 연 채로 5분간 삶아주세요.

삶아진 콩나물은 건져서 차가운 물에 빠르게 식혀 물기를 빼주고 육수는 따로 옮겨 식혀주세요.

육수가 식으면 볶은 소금으로 간을 맞추고 콩나물과 쪽파를 넣어주세요.

심방골 주부의 요리 Tip

1. 육수가 이미 끓은 상태라서 냄비 뚜껑을 연 채로 콩나물을 삶아야 비린내가 나지 않아요.

1. 매운맛이 싫다면 청양고추는 1개만 넣어도 됩니다.

계절음식

콩나물냉채

무더위에 지쳐 힘이 들 때 입안 가득
아삭하고 톡 쏘는 맛의 콩나물냉채를 만들어보세요.
맛도 좋고 레시피도 간편한 여름철 별미입니다.

재료 콩나물 250g, 생수 200ml, 피망 ½개, 게 맛살 2줄, 오이 1개

무침양념 겨자 3작은술, 식초 3큰술, 설탕 1큰술, 다진 마늘 1큰술, 볶은 소금 1작은술

콩나물은 머리와 꼬리를 떼고 깨끗하게 씻어 살짝 데쳐주세요. 3분 후 찬물로 헹궈 물기가 빠지게 체에 받쳐두세요.

게맛살은 길이를 자른 뒤 손으로 찢고, 피망도 알맞게 썰어주세요.

오이는 껍질을 둥글게 깎아낸 뒤 살을 얇게 채썰어주세요.

볼에 무침양념 재료를 넣고 섞어주세요.

오이, 피망, 맛살, 콩나물을 넣고 양념에 무쳐주세요.

계절음식

가지냉국

여름철에 시원하게 입맛을 돋우는 냉국에는 여러 가지가 있지만
특별하게 가지로 만든 냉국은 흔치 않지요.
오이나 미역과는 다른 식감으로 색다른 맛을 느낄 수 있을 거예요.

재료 가지 2개, 생수와 얼음(냉국 용량만큼)

무침양념 진간장 2큰술, 소금 1작은술, 매실액 4큰술, 통마늘 1줌(또는 다진 마늘 1큰술),
식초 2큰술, 홍청양고추 2개

가지는 깨끗이 씻어 반을 가른 뒤 중불에서 6분간 쪄서 식혀주세요.

홍청양고추는 반을 갈라 씨를 제거한 뒤 얇게 채 썰고, 통마늘은 칼등으로 다져주세요.

가지는 손으로 알맞게 찢어주세요.

볼에 무침양념 재료를 넣고 섞어 양념장을 만들어주세요.

가지를 양념장에 버무려 골고루 간이 배이게 해주세요.

10분 뒤 가지가 잠길 만큼 적당히 시원한 생수와 얼음을 넣어주세요.

계절음식

묵사발

영양 만점 도토리묵으로 만든 시원한 묵사발.
참기름과 깨소금으로 고소하게 완성한 묵사발 한 그릇이면
여름 더위를 날려버릴 시원한 간식으로 안성맞춤이지요.

재료 냉면 육수 1팩, 도토리묵 1팩, 오이 1개, 쪽파 흰 부분 1뿌리, 김치 ¼포기(줄기만), 김 약간

무침양념 다진 마늘 ½큰술, 참기름 1큰술, 깨소금 약간

오이는 가늘게 채 썰고, 쪽파, 김치, 도토리묵도 알맞은 크기로 채 썰어주세요.

볼에 김치와 무침양념 재료를 넣고 골고루 섞어주세요.

그릇에 도토리묵을 담고 양념해놓은 김치와 오이, 김, 쪽파를 얹어주세요.

시원한 냉면 육수를 적당히 부어주세요.

계절음식

수박화채

시원한 여름에 빠질 수 없는 별미가 수박화채이지요.
화채에 많이 사용하는 사이다나 탄산수 대신
수박 본연의 단맛을 이용하여 달콤하게 만들어보세요.

레시피 영상 보기

재료 수박 ½통, 취향에 맞는 과일, 꿀 3큰술, 얼음 약간

수박은 화채용 스푼을 이용해 예쁘게 파서 볼에 담아주세요.

수박에서 나온 물은 화채를 만들 볼에 넣어주세요.

수박의 가장자리는 모두 파내어 천 주머니에 넣고 꽉 짜주세요.

걸러진 수박 물에 꿀을 섞어 단맛을 내주세요.

수박 물에 준비한 수박과 취향에 맞는 과일, 얼음을 함께 넣어주세요.

심방골 주부의 요리 Tip

1. 사이다나 탄산수가 들어가지 않아도 수박 자체의 단맛과 꿀의 은은한 맛이 잘 어우러져서 더 달콤해요.

계절음식

더덕구이

1월부터 봄까지 제철인 더덕을 새콤달콤한 소스로
구워낸 더덕구이는 명절 요리로도 손색이 없어요.
유장(진간장+참기름)을 발라 더덕의 향과 고소함을 느낄 수 있지요.
타지 않게 구워내는 심방골 주부만의 노하우를 담은 레시피입니다.

재료 더덕 1kg, 식용유 약간

유장 진간장 1큰술, 참기름 1큰술 (부족할 시 추가 가능)
구이양념 고추장 1큰술, 생수 1큰술, 꿀 1큰술

더덕은 흐르는 물에 씻어 껍질을 벗긴 후 반으로 갈라 밀대로 납작하게 펴주세요.

유장 재료를 같은 비율로 섞어 더덕에 발라주세요.

더덕은 양념장을 바르기 전에 앞뒤로 1분씩만 약불에서 초벌구이 해주세요.

구이양념 재료를 섞어 초벌을 마친 더덕에 앞뒤로 고루 발라주세요.

팬에 기름을 두른 뒤 앞뒤로 1분씩만 약불에서 구워주세요.

심방골 주부의 요리 Tip

1. 더덕에 유장을 발라 초벌로 살짝 구워주면 고소한 맛이 자연스럽게 배어요. 바로 구이양념을 발라 구울 때보다 타지도 않고, 고추장 본연의 맛도 더 깊게 느낄 수 있답니다.

계절음식

배숙

감기에 걸렸거나 몸이 안 좋을 때
따끈한 배숙을 달여서 먹으면 기운이 납니다.
환절기에 건강에 좋은 계절음식인 배숙을 만들어보아요.

재료 배 1개, 대추 3개, 생강 1개, 꿀 3큰술, 생수 500ml

배는 깨끗이 씻어 상단 ¼ 지점을 자른 후 큰 수저로 살살 긁어 파내주세요. 생강은 얇게 썰고 대추는 씨를 발라 썰어주세요.

배 안에 대추, 생강, 꿀, 긁어낸 배 조각을 넣고 뚜껑을 덮어주세요.

냄비나 찜기에 생수를 붓고 배를 담은 대접을 넣어 중탕으로 끓을 때까지 쪄주세요.

물이 끓으면 약불로 1시간 더 푹 익힌 뒤 꺼내 배 안에 건더기는 제거하고, 잘 우러나와 고여 있는 물을 떠서 찻잔에 담아주세요.

배숙 위에 잣이나 대추를 고명으로 얹어주세요.

계절음식

모과차와 생강차

레시피 영상 보기

환절기나 추운 겨울날을 위해 건강에 좋은 차를
미리 만들어두면 유용하게 즐길 수 있어요.
꿀과 설탕만으로 모과차와 생강차를 만들어
겨우내 온 가족의 건강을 챙겨보세요.

(꿀 재료) 생강차 생강 250g, 꿀 500g / **모과차** 모과 250g, 꿀 500g

(설탕 재료) 생강차 생강 250g, 설탕 250g / **모과차** 모과 250g, 설탕 250g

〈꿀로 담그는 생강차〉

생강은 깨끗이 씻어 큰 수저로 껍질을 벗기고 표면에 물기가 마르면 최대한 얇게 채 썰어주세요.

채 썰은 생강을 병에 담고 꿀을 가득 부어주세요.

실온에서 하루 동안 두고 한 번씩 저어서 꿀을 용해시킨 후 다음 날 냉장 보관해주세요.

심방골 주부의 요리 Tip

1. 모과차를 꿀로 담그는 경우에도 같은 방법으로 만들어주세요.

〈설탕으로 담그는 모과차〉

모과는 깨끗이 씻어 채 썰어주세요.

준비된 설탕 양의 ⅔만큼을 모과와 고루 섞어 1시간 동안 절여주세요.

절여진 모과는 병에 담아주세요.

남은 설탕을 맨 위에 모두 붓고 밀폐시킨 뒤 실온에서 한 달 간 보관해주세요.

심방골 주부의 요리 Tip

1. 생강차를 설탕으로 만드는 경우에도 같은 방법으로 만들어주세요.

설탕과 달리 꿀로 차를 담갔을 경우에는
수분이 생겨 덜 달기 때문에 냉장 보관이 필수예요!
단, 꿀이 용해되지 않은 상태에서 바로 냉장 보관을 하면
꿀이 바로 가라앉아 생강의 맛이 우러나지 않는답니다.
하루 동안 충분히 저어가며 섞어주세요.

Part 7

심방골 주부의
쉽고 간단한 김치
레시피

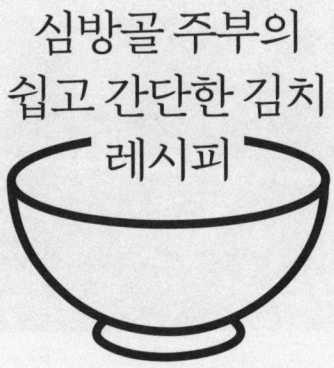

김치

한 망(3포기) 김장김치

요즘은 옛날처럼 대식구가 모여서 김장을 하기가 쉽지 않아요. 그래서 소가족에 맞게 한 망(3포기) 용량으로 담글 수 있는 레시피를 준비했어요. 대량으로 김장을 해야 할 경우 한 망 기준으로 준비된 재료의 양에 배수로 적용해서 담글 수 있으니 활용 만점이지요.

배추절임 배추 한 망(3.5kg), 천일염 300g, 생수 3L

찹쌀풀 찹쌀가루 200g, 생수 700ml,
김치속 무 1개(1kg), 양파 2개, 쪽파 ½단, 갓 ⅓단, 꿀 80g, 고춧가루 300g, 마늘 200g, 생강 5톨(100g), 멸치액젓 500ml, 생새우 200g

<1일차>

배추는 겉잎을 떼어내고 흰 부분에만 칼집을 넣어 손으로 반을 갈라주세요.

배추절임 재료의 생수를 데워서 천일염 절반을 풀고 배추를 적신 뒤 남은 천일염 절반을 줄기 사이에 뿌려 약 15시간 동안 절여주세요. 중간에 한 번씩 배추를 뒤집어주세요.

심방골 주부의 요리 Tip

1. 배추를 적시고 난 뒤 남은 소금물은 배추 위에 골고루 뿌리고 뚜껑을 덮어주세요.

<2일차>

냄비에 찹쌀풀 재료를 넣고 끓인 뒤 식혀주세요.

절인 배추는 흐르는 물에 세 번에 걸쳐 씻어주세요.

생새우는 흐르는 물에 해감을 하고 체에 받쳐 물기를 빼주세요.

무는 약간 굵직한 크기로 채 썰고, 양파는 얇게, 쪽파 큰 것은 반을 갈라 썰어주세요.

생강과 마늘은 갈아넣고, 남은 김치속 재료들과 찹쌀풀을 모두 넣고 버무려주세요. 절인 배추에 버무리기 1시간 전에 미리 만들어두어야 해요.

절인 배추를 꺼내 배춧잎을 한 장씩 넘기면서 양념을 고루 발라주세요.

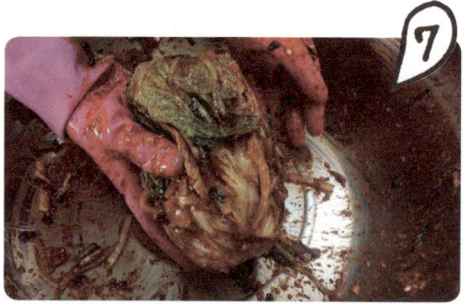

겉잎사귀로 배추포기를 감싸서 통에 담아주세요.

김장김치를 담글 때는 배추를 절이는 방식에 따라
김치의 맛이 결정된다고 해도 과언이 아니에요. 배추를 따듯한 물에
절이게 되면 소금의 양도 줄일 수 있고, 절이는 시간도 단축됩니다
(오후 5시 기준 다음 날 오전 8시까지). 김치를 담갔을 때 많이 짜지 않고 시간도
덜 드니 일석이조 맞지요? 김치의 속재료는 사용하기 1시간 전에 완성해두어야
고춧가루가 불어나면서 고운 색이 우러나와요. 또한 김장할 때 추가로
필요한 고춧가루의 양을 계량할 수 있고
김치의 색도 가늠할 수 있지요.

김치

배추겉절이

찹쌀풀 대신 과일을 갈아넣어 맛을 보완한 배추겉절이입니다.
김장김치에 비해 손쉽고 간편하며 신선한 맛이 특징이지요.
빠르게 담가서 바로 즐기기 좋은 배추김치 레시피예요.

레시피 영상 보기

배추절임 배추 1포기, 천일염 ½컵

김치양념 쪽파 1줌, 양파 ½개, 사과 ½개, 고춧가루 6큰술(100g), 멸치액젓 3큰술, 새우젓 3큰술, 생강청 건더기 2큰술, 다진 마늘 2큰술, 꿀 2큰술

배추는 먹기 좋은 크기로 썰고, 흐르는 물에 한 번 헹군 다음 천일염을 켜켜이 뿌려 1시간 30분 동안 절여주세요. 중간에 한 번씩 섞어 주어도 좋아요.

절인 배추는 흐르는 물에 두 번 정도 씻어 건져주세요.

쪽파는 알맞게 썰고, 사과와 양파는 강판에 갈아서 건더기는 걸러내고 즙만 준비해주세요.

준비한 배추양념 재료를 모두 넣고 섞어주세요.

절인 배추를 넣고 양념을 골고루 버무려주세요. 통깨를 뿌려서 고소하게 마무리하세요.

심방골 주부의 요리 Tip

1. 겉절이는 버무려서 빠르게 먹는 김치이기 때문에 양파와 사과를 갈아서 건더기는 걸러내고 즙만 사용하세요. 그래야 훨씬 깔끔하게 완성됩니다.

석박지

가을에 나오는 무는 인삼과 같다고 할 정도로
몸에 좋은 영양 성분이 많아요.
그래서 석박지를 가을 무로 담그면 맛이 배가 되지요.
아삭아삭한 식감의 새콤한 석박지는 깍두기와는 또 다른 매력이 있어요.

무절임 무 2개(1.8kg), 천일염 ½컵(100g), 설탕 4큰술

찹쌀풀 찹쌀가루 5큰술, 생수 300ml
김치양념1 고춧가루 3큰술
김치양념2 쪽파 3줌, 양파 ½개, 배 ½개, 고춧가루 7큰술, 다진 마늘 3큰술,
다진 생강 3큰술, 새우젓 5큰술, 꿀 2큰술

무는 너무 두껍지 않게 납작한 크기로 썰고, 무절임 재료를 골고루 섞어 1시간 30분간 절여주세요. 무는 중간에 한 번 뒤집어 고루 섞은 뒤 체에 받쳐 물이 빠지게 두세요.

냄비에 찹쌀풀 재료를 넣고 끓인 뒤 식혀주세요. 양파와 쪽파도 먹기 좋은 크기로 썰어주세요.

양파와 배는 강판에 갈고 마늘과 생강은 믹서에 갈거나 다져서 준비하세요.

절인 무는 김치양념1의 재료를 먼저 넣고 버무려 고춧가루 물을 들인 후, 남은 김치양념2의 재료와 찹쌀풀을 넣고 고루 섞이도록 버무려주세요. 꿀은 가장 마지막에 넣고 마무리합니다.

실온에서 2일을 익힌 후 열었을 때 기포가 생기고 익은 냄새가 날 때쯤 5일간 냉장 보관해주세요.

심방골 주부의 요리 Tip

1. 무를 절일 때 설탕을 넣으면 무에 단맛이 배어 소금으로만 절이는 것보다 훨씬 맛있는 석박지를 만들 수 있어요.
2. 절인 무를 고춧가루로 먼저 버무려주면 빨갛게 물이 들어 석박지의 고운 빛깔이 유지됩니다.

김치

오이김치

신선하고 아삭한 식감의 오이로
감칠맛 나는 오이김치를 만들 수 있어요.
비린 맛의 액젓이 아닌 새우젓과 꿀로
간을 하는 것이 심방골 주부의 팁입니다.

오이절임 오이 6개, 천일염 20g

김치양념 고춧가루 7큰술(80g), 다진 마늘 3큰술, 생강청 건더기 2큰술, 새우젓 4큰술,
꿀 2큰술, 통깨 약간, 양파 ½개, 부추 ½단

오이는 양끝의 두꺼운 껍질 부분은 잘라내고 먹기 좋은 크기로 썰어주세요.

오이절임 재료를 넣고 1시간 30분 동안 절여주세요. 중간에 한 번 뒤집어 고루 섞어주세요.

절인 오이는 체에 받쳐서 물기를 빼고 양파와 부추는 적당히 썰어주세요.

볼에 부추를 뺀 김치양념 재료를 모두 넣고 섞어주세요.

오이를 넣고 김치양념이 골고루 배이게 버무린 후 부추를 마지막에 넣고 버무려주세요.

심방골 주부의 요리 Tip

1. 오이김치는 오랫동안 절이는 대신 소금의 양을 적게 사용하고, 절인 뒤 절대 물로 헹구지 마세요.
2. 오이김치에는 찹쌀풀을 넣지 않고, 액젓도 비린 맛이 날 수 있어 사용하지 않아요. 새우젓과 꿀을 넣어 간을 맞춰주세요.
3. 마무리를 할 때 파보다는 부추를 넣어 버무리는 것이 오이와 더 잘 어울려요. 처음부터 부추를 같이 버무리면 풋내가 나므로 주의해주세요.

김치

파김치

식감은 연하고 맛은 알싸한 매력이 있는 파김치는
고기와도 참 잘 맞는 반찬이에요.
파김치를 맛있게 담글 때 꼭 알아야 되는 꿀팁을 소개합니다.

레시피
영상 보기

재료 쪽파 1단

찹쌀풀 찹쌀가루 4큰술, 생수 200ml
김치양념 양파 1개, 당근 2개, 멸치액젓 ⅔컵, 고춧가루 1컵, 생강청 2큰술, 꿀 1큰술

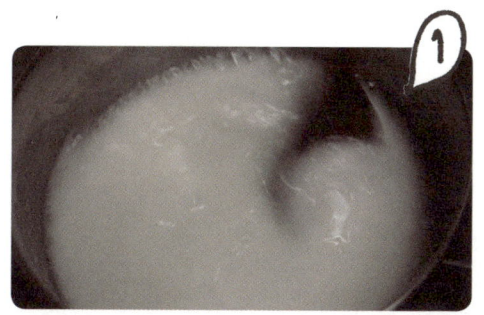

1. 냄비에 찹쌀풀 재료를 넣고 끓인 뒤 식혀주세요.

2. 당근은 알맞게 채 썰고, 쪽파는 크게 세 부분으로 썬 뒤 잎이 지저분하게 남은 끝단은 빼주세요.

3. 양파를 강판에 갈고 남은 김치양념 재료와 찹쌀풀을 넣고 섞어주세요.

4. 썰어놓은 파를 양념장에 살살 섞는 느낌으로 버무려주세요.

심방골 주부의 요리 Tip

1. 파김치를 할 때는 반드시 찹쌀풀이 들어가야 맛있어요.
2. 파김치에는 마늘이 들어가지 않아요. 파와 마늘이 만나면 쓴맛이 나기 때문에 생강청 건더기로 파김치의 감칠맛을 더해주세요.
3. 파김치를 맛있게 담는 비법은 쪽파를 절이지 않고 바로 담는 데에 있습니다. 쪽파를 절이면 숨이 죽어 버무릴 때 안 좋고, 물이 많이 생기지 않아요.
4. 파김치는 거칠게 버무리면 풋내가 나므로, 살살 섞는 느낌으로 버무려주세요.

김치

부추김치

곱게 썰어 넣은 당근채가 부추의 식감을 보완하고
찹쌀풀과 양파즙이 들어가 부드럽고 맛있는 부추김치입니다.
고기에 곁들이기에도 좋고 활용도가 높지요.
만든 후 바로 저녁상에 내면 부추의 신선한 식감을 그대로 즐실 수 있어요.

재료 부추 1단, 양파 ¼개, 당근 1개

찹쌀풀 찹쌀가루 2큰술, 생수 200ml
김치양념 간 양파 1개, 고춧가루 4큰술, 멸치액젓 4큰술, 다진 마늘 1큰술,
생강청 건더기 1큰술, 꿀 1큰술, 통깨 약간

냄비에 찹쌀풀 재료를 넣고 끓인 뒤 식혀주세요.

당근과 양파는 너무 굵지 않게 채 썰고, 부추도 먹기 좋은 크기로 썰어주세요.

김치양념 재료에 찹쌀풀을 넣고 섞어주세요.

양파, 당근, 부추를 넣고 양념이 잘 섞이도록 버무려주세요.

심방골 주부의 요리 Tip

1. 부추김치에 찹쌀풀이 들어가면 부추와 어우러져 부드럽고 맛깔스러운 김치가 됩니다.
2. 부추는 가늘고 힘이 없어 소금에 절이지 않는 것이 좋아요. 부추를 절이게 되면 짠맛이 배어 맛이 없는 부추김치가 됩니다.
3. 부추김치 양념에는 멸치액젓만 넣어야 깔끔하고 감칠맛 나는 김치가 됩니다.

김치

오이고추김치

오이고추로 김치를 담그면 식감도 아삭하고 깔끔한 맛이 납니다.
당연히 고기와도 잘 어울리고, 쌈 채소와 곁들여도 좋아요.
간단하게 만들어서 시원하게 즐기는 오이고추김치를 만들어보세요.

재료 오이고추 12개

김치속 고춧가루 4큰술, 생강청 건더기 1.5큰술, 새우젓 1큰술, 다진 마늘 1.5큰술, 멸치액젓 3큰술, 꿀 2큰술, 쪽파 흰 부분 2뿌리, 부추 1.5줌, 통깨 약간

김치속 재료로 사용할 부추는 가늘게 썰고, 쪽파는 반을 갈라 썰어주세요. 오이고추는 구부러진 안쪽 방향만 칼집을 낸 뒤 씨를 발라주세요.

김치속 재료 중 양념들을 볼에 넣고 모두 섞어주세요.

이어서 쪽파와 부추를 넣고 섞은 뒤 통깨를 뿌려 김치속을 만들어주세요.

티스푼을 이용하여 오이고추 안에 김치속을 채워 넣은 뒤 오이고추는 먹기 좋게 잘라서 그릇에 담아주세요.

심방골 주부의 요리 Tip

1. 오이고추김치는 소량을 만들어 바로바로 상에 올리는 게 좋아요.
2. 며칠에 걸쳐 보관해두고 먹을 땐 김치속 재료에 생수 5큰술을 섞어주세요.

김치

깻잎김치

깻잎의 은은한 향과 양념이 조화롭게 어우러져
여름 입맛을 사로잡는 깻잎김치입니다.
깻잎을 절이지 않고 맛있게 양념하는 노하우를 소개합니다.

재료 깻잎 200장

김치양념 부추 1.5줌, 양파 ½개, 대파(흰 부분) 1뿌리, 멸치액젓 ½컵, 양조간장 ½컵, 생수 1컵,
고춧가루 5큰술, 다진 마늘 3큰술, 생강청 건더기 2큰술, 꿀 2큰술, 통깨 약간

깻잎은 깨끗이 씻어 꼭지부분을 잘라 개어놓고, 부추, 양파, 대파는 최대한 잘게 채 썰어주세요.

볼에 김치양념 재료를 모두 넣고 고루 섞어주세요.

깻잎을 한 장씩 펴서 김치양념을 전체적으로 발라주세요.

양념이 된 깻잎을 켜켜이 올려서 용기에 담고 냉장고에 넣어 싱싱하게 보관하세요.

심방골 주부의 요리 Tip

1. 깻잎이 얇기 때문에 거친 재료가 들어가는 김치양념은 피해주세요. 잘게 썬 부추와 양파만으로도 충분해요.
2. 김치양념 재료에서 멸치액젓과 양조간장은 1 대 1로 섞은 뒤, 합친 양만큼의 생수를 부어주면 됩니다.

김치

양파김치

봄에 나오는 양파는 맛이 달큰하고 매운맛이 덜해서
김치로 담기에 좋아요.
배추나 무와는 다른 양파 특유의 아삭하고 부드러운 식감 덕분에
보통 김치들과는 다른 또 다른 매력을 느낄 수 있지요.

레시피
영상 보기

양파절임 양파 한 망(1.4kg), 천일염 30g

찹쌀풀 찹쌀가루 2큰술, 생수 200ml
김치양념1 고춧가루 6큰술, 새우젓 3큰술, 생강청 건더기 2큰술
김치양념2 통깨 약간, 꿀 2큰술, 부추 ½단

양파는 적당한 크기로 칼집을 넣고 최대한 손으로 까서 나눠주세요.

볼에 양파절임 재료를 섞고 물을 살짝 뿌린 뒤 1시간 동안 절여주세요. 중간에 2~3회 정도 뒤집어 섞고, 절인 양파는 소쿠리에 건져 물이 빠지도록 둡니다.

부추는 미리 썰어두고, 찹쌀풀 재료를 섞어 끓인 후 되직하게 만들어주세요.

김치양념1 재료와 찹쌀풀을 섞은 뒤 양파와 함께 고루 버무려주세요.

김치양념2 재료를 넣고 골고루 버무려주세요.

심방골 주부의 요리 Tip

1. 양파에 끝까지 칼집을 넣어 썰면 너무 잘게 조각나기 때문에 손으로 까주세요.
2. 양파김치는 물이 많이 들어가는 김치가 아니니, 멸치액젓보다 새우젓으로 양념하는 것이 좋습니다.
3. 양파를 절일 때 물기를 다 뺀 상태에서 소금의 양을 적게 쓰고 오랫동안 절이는 것이 좋아요.
4. 양파는 대파보다 부추와 궁합이 더 좋아요.

여름 무생채

여름 무는 단맛이 적고 매운맛과 쓴맛이 나기 때문에
가을 무로 담는 무생채 레시피와는 약간 차이가 있어요.
여름에도 맛있게 무생채를 담글 수 있는 방법을 소개할게요.

무절임 무 1kg, 볶은소금 1.5큰술, 설탕 2큰술

김치양념1 양파 1개, 새우젓 2큰술, 고춧가루 3큰술, 다진 마늘 1큰술, 생강청 건더기 1큰술
김치양념2 대파 1뿌리, 식초 3큰술, 꿀 1큰술, 통깨 약간

무는 도톰하게 채 썰고, 남은 무절임 재료를 넣고 1시간 동안 절여주세요. 무가 고루 섞이도록 중간에 한 번 뒤집어주세요.

양파와 대파를 씻어 채 썰어주세요.

절인 무는 물을 따라내 수분을 제거한 후 김치양념1 재료를 넣고 버무려주세요.

김치양념2 재료를 추가로 넣고 새콤달콤하게 버무린 후 통깨는 먹기 전에 올려주세요.

심방골 주부의 요리 Tip

1. 여름 무는 단단하지 않고 무르기 때문에, 약간 도톰한 크기로 썰어 준비해주세요.
2. 여름 무는 단맛이 적고 매운맛과 쓴맛이 약간 있어 설탕을 넣고 절여주면 좋아요.
3. 가을 무로 무생채를 만들 경우에는 무절임 재료에서 설탕을 빼주세요.

김치

총각김치

아삭한 총각무를 맛있게 버무려 즐기는 총각김치입니다.
멸치액젓을 쓰지 않고 새우젓을 넣어 깔끔한 맛을 내고
꿀로 감칠맛을 높여주는 것이 심방골 주부 총각김치의 비결이에요.

무절임 총각무 1단(3kg), 천일염 ½컵

찹쌀풀 찹쌀가루 4큰술, 생수 300ml
김치양념1 고춧가루 6큰술, 새우젓 5큰술, 다진 마늘 2큰술, 다진 생강 1큰술, 꿀 2큰술
김치양념2 양파 1개, 쪽파 2줌

1. 총각무는 잎과 뿌리 사이를 칼로 다듬어 겉잎을 솎아준 후, 흐르는 물에 깨끗이 씻어 알맞은 크기로 썰어주세요.

2. 천일염을 무의 흰 부분에만 골고루 뿌려 4시간 동안 절여주세요. 2시간이 지나면 한 번씩 뒤집어주고, 잎사귀 부분은 소금물에 적셔주세요.

3. 절인 무는 물이 빠지게 소쿠리에 건져 놓고, 양파와 쪽파를 썰어주세요.

4. 냄비에 찹쌀풀 재료를 넣고 끓인 후 식혀주고, 남은 김치양념1 재료와 함께 고루 섞어주세요.

5. 김치양념2 재료와 절인 무를 추가로 넣고 골고루 버무려주세요.

심방골 주부의 요리 Tip

1. 총각김치는 무에서 물이 많이 생기기 때문에, 액젓을 쓰지 않아요. 액젓을 쓰면 맛이 잘 섞이지 않고 비릿한 맛이 나기 때문에 새우젓으로 간을 합니다.

2. 총각김치를 세게 버무리면 풋내가 날 수 있으니 살살 섞는 느낌으로 버무려주세요.

심방골 주부의
엄마손 집밥

심방골 주부의
엄마손 집밥

1판 1쇄 발행 2019년 11월 27일
1판 2쇄 발행 2021년 4월 16일

지은이 심방골 주부(조성자)
펴낸이 고병욱

책임편집 이새봄 **기획편집** 이미현
마케팅 이일권 한동우 김윤성 김재욱 이애주 오정민
디자인 공희 진미나 백은주 **외서기획** 이슬
제작 김기창 **관리** 주동은 조재언 **총무** 문준기 노재경 송민진

펴낸곳 청림출판(주)
등록 제1989-000026호

본사 06048 서울시 강남구 도산대로 38길 11 청림출판(주) (논현동 63)
제2사옥 10881 경기도 파주시 회동길 173 청림아트스페이스 (문발동 518-6)
전화 02-546-4341 **팩스** 02-546-8053
홈페이지 www.chungrim.com **이메일** life@chungrim.com
블로그 blog.naver.com/chungrimlife **페이스북** www.facebook.com/chungrimlife

ⓒ 조성자, 2019

ISBN 979-11-88700-53-0 (13590)

※ 이 책은 저작권법에 따라 보호를 받는 저작물이므로 무단 전재와 무단 복제를 금합니다.
※ 책값은 뒤표지에 있습니다. 잘못된 책은 구입하신 서점에서 바꾸어 드립니다.
※ 청림Life는 청림출판(주)의 논픽션·실용도서 전문 브랜드입니다.
※ 이 도서의 국립중앙도서관 출판예정도서목록(CIP)은 서지정보유통지원시스템 홈페이지(http://seoji.nl.go.kr)와 국가자료공동목록 시스템(http://www.nl.go.kr/kolisnet)에서 이용하실 수 있습니다. (CIP제어번호: CIP2019042978)